Peter Michael Dieckmann

Das Dalmanuta-Prinzip

Band II
Vom Glauben, Sinn und Lebensauftrag

AF204240

🔵 tredition®

Buch

Das zentrale Thema dieses Buches sind die großen Fragen nach dem Sinn des Lebens:

Wozu bin ich geboren worden?

Wofür bin ich auf dieser Welt?

Was ist mein Auftrag auf dieser Erde?

Vor deiner Geburt wurde dir gesagt,

dass du zurückkehren wirst und dann diese Fragen beantworten musst:

Was hast du aus deinem Leben gemacht?

Was hast du mit deinen Fähigkeiten und Talenten gemacht?

Wie hast du die Gelegenheiten genutzt, die dir von oben zugefallen sind?

Und du hast gesagt:

Ich will Antwort geben.

Autor

Peter Michael Dieckmann, 1961 in Duisburg geboren, war viele Jahre lang Zielfahnder bei der Kriminalpolizei. Heute lehrt er im Rahmen von Seminaren und Workshops Meditation und Reiki nach dem Dalmanuta-Prinzip.

Peter Michael Dieckmann

Das
DALMANUTA
Prinzip

Band II
Vom Glauben, Sinn
und Lebensauftrag

Meditations- und Reiki-Lehre

© 2019 Peter Michael Dieckmann
ISBN: 978-3-7482-4815-6 (Paperback)
        978-3-7482-4817-0 (e-Book)

Verlag: tredition GmbH

Bildnachweis:
© fotolia 193900758 - Creativa Images

Satz und Realisation
Wolfgang G. Schneider

Titelgestaltung:
Godehard Erichlandwehr

Bibliografische Information der Deutschen Nationalbibliothek:
Die Deutsche Nationalbibliothek verzeichnet diese Publikation in der Deutschen Nationalbibliografie; detaillierte bibliografische Daten sind im Internet über http://dnb.d-nb.de abrufbar.

"Siehe, ich sende einen Engel vor dir her, der dich behüte auf deinem Weg und dich bringe an den Ort, den ich bestimmt habe."
2. Mose 23:20

Inhalt

Prolog

Dieses Buch

Es ist für alle, die sich über ihr Leben freuen.
Es ist für alle, die mit ihrem Leben hadern.
Es ist für alle, die wissen, dass beides zugleich möglich ist.

Es ist für alle, die lieben.
Es ist für alle, die sich ungeliebt fühlen.
Es ist für alle, die wissen, dass beides zugleich möglich ist.

Es ist für alle, die vertrauen.
Es ist für alle, die zweifeln.
Es ist für alle, die wissen, dass beides zugleich möglich ist.

Es ist für alle, die in Freiheit leben.
Es ist für alle, die in Gefangenschaft leben.
Es ist für alle, die wissen, dass beides zugleich möglich ist.

Es ist für alle, die rebellieren.
Es ist für alle, die sich fügen.
Es ist für alle, die wissen, dass beides zugleich möglich ist.

Es ist für alle, die kämpfen.
Es ist für alle, die kapitulieren.
Es ist für alle, die wissen, dass beides zugleich möglich ist.

Es ist für alle, die den Sinn gefunden haben.

Es ist für alle, die auf der Suche sind.

Es ist für alle, die wissen, dass beides zugleich möglich ist.

Und für alle anderen.

Im ersten Band ging es um die Liebe: Die Liebe zu sich selbst, die Liebe zu anderen und die Liebe zum Leben. Alle drei Aspekte sind untrennbar miteinander verbunden:

> Die Liebe zu sich selbst zeigt sich durch Selbstachtung,
> die Liebe zu anderen durch Empathie und Mitgefühl,
> die Liebe zum Leben durch Lebensfreude.

Einen Menschen voll und ganz zu lieben, heißt, all dessen Facetten anzunehmen, also auch die Eigenschaften und Verhaltensweisen, die schwer erträglich sind. Das gilt ebenso für die Selbstliebe. Wir sollten auch unsere eigenen unangenehmen Eigenschaften und Verhaltensweisen annehmen. Das heißt nicht, alle vermeintlichen und tatsächlichen Fehler schön zu reden, wie Narzissten es tun. Wir dürfen auch an uns arbeiten. Manche Veränderung erfordert Selbstdisziplin, manch andere entsteht mit der Zeit von selbst. Wir sind, wie das Leben selbst, ein nicht abgeschlossener Prozess.

Das Leben voll und ganz zu lieben, heißt, alle Facetten des Lebens anzunehmen. Dazu gehören auch Leid, Schmerz und Tod.

Prolog

Lebensfreude bedeutet nicht, immer nur Spaß und Vergnügen zu haben. Manchmal ist es schwer, Freude an seinem Leben zu empfinden, zum Beispiel in Zeiten mit Schicksalsschlägen. Lebensfreude geht nicht nur mit Leichtigkeit einher.

Dieser zweite Band über das Dalmanuta-Prinzip trägt den Untertitel: „Vom Glauben, Sinn und Lebensauftrag". Auch diese drei sind untrennbar miteinander verwoben. Glaube beinhaltet immer den Sinn dessen, an das man glaubt. Und wer etwas als seinen Lebensauftrag erkannt hat, sieht einen Sinn in seinem Leben.

Das zentrale Thema dieses Buches sind die großen Fragen nach dem Sinn des Lebens:

Wozu bin ich geboren worden?
Wofür bin ich auf dieser Welt?
Was ist mein Auftrag auf dieser Erde?

Vor deiner Geburt wurde dir gesagt,
dass du zurückkehren wirst und dann diese Fragen beantworten musst:
Was hast du aus deinem Leben gemacht?
Was hast du mit deinen Fähigkeiten und Talenten gemacht?
Wie hast du die Gelegenheiten genutzt, die dir von oben zugefallen sind?
Und du hast gesagt:
Ich will Antwort geben.

Die gebende Richtung.
Oder:
Worum geht es im Leben?

Es geht in diesem Leben auf keinen Fall darum, heilig oder erleuchtet - oder wie auch immer man es bezeichnen möchte - zu werden. Es reicht, ein ganzer Mensch zu sein. Ein ganzer Mensch kennt die gesamte Palette der Emotionen, er strebt nicht danach, nur bestimmte Gefühle, (nämlich die, die er für angenehm hält), zu erleben.

Also:

Wenn du traurig bist, weine!
Wenn du dich ärgerst, schimpfe!
Wenn du dich freust, lache!
Wenn du dankbar bist, singe!
Und wenn du glücklich bist, tanze!
Und tue all das auf deine Weise.

Wenn ich in den 70er Jahren des vergangenen Jahrhunderts meinen Eltern am Küchentisch gesagt hätte, dass ich Meditationslehrer werden möchte, wären sie vermutlich voller Begeisterung aufgesprungen und

12

hätten um den Tisch herum spontan ihre Vornamen getanzt. Oder eher nicht... Damals war Meditation etwas für durchgeknallte Spinner, die weder Berührungsängste mit Drogenkonsum noch mit freier Liebe hatten. Ihre Meditationsräume befanden sich in Ashrams und ihre Gurus waren ältere, halbnackte Inder mit grauen Haaren, langen Bärten und komischen Namen. Später dann, etwa Mitte der 1980er Jahre, vollzogen Prominente wie zum Beispiel Shirley MacLaine mit ihren Büchern „Tanz im Licht" und „Seelenleben" ihr spirituelles Coming Out. Weitere bekannte Schauspieler machten keinen Hehl daraus, dass sie an Schutzengel, Reinkarnation und ähnliche Dinge glauben. Auch Skeptiker mutierten zu Gläubigen. So sandte das deutsche Magazin „Stern" Mitte der 1970er Jahre einen ihrer besten Journalisten nach Poona in Indien mit dem Auftrag, einen kritischen Bericht – um nicht zu sagen Verriss – über Bhagwan beziehungsweise Osho, zu schreiben. Jörg Andrees Elten überraschte seine Redaktion, seine Familie und nicht zuletzt sich selbst jedoch mit der Entscheidung, in Poona zu bleiben. Er nannte sich fortan Swami Satyananda, bezeichnete sich wie die anderen Anhänger des Gurus als „Sannyasin" und schrieb statt einer zynisch-kritischen Reportage für den Stern ein Tagebuch über seine Erfahrungen, das unter dem Titel „Ganz entspannt im Hier und Jetzt" ein Bestseller wurde.

Nach und nach zog die spirituelle Karawane vom Osten in den Westen. Mehr und mehr Buchhandlungen boten esoterische Literatur an. Meditationstraditionen wie Thai Chi, Qi Gong, Zen und Yoga wurden hierzulande bekannt. Reiki Lehrer kamen nach Europa und weihten Menschen in die Kunst des Handauflegens ein. Waren die

Kursangebote dafür aufgrund der hohen Preise zunächst nur elitären Kreisen zugänglich, wurden sie später Mainstream. Begriffe wie „Spiritualität und Meditation" wurden hoffähig. Man konnte sie in Gesprächen einfließen lassen, ohne befürchten zu müssen, von seinem Gegenüber als Spinner eingestuft oder von seinen Nächsten zum Therapeuten geschickt zu werden. (Abgesehen davon war die Chance recht groß, bei dem Therapeuten auf einen Gleichgesinnten zu treffen ...)

In den darauffolgenden Jahren nahm die Entwicklung einen ungesunden Verlauf. Meditationstechniken wurden als Mittel der Problemlösung verkauft. Ratgeber voller Heilsversprechen erschienen auf dem Büchermarkt. Gurus, die nach außen hin so taten, als hätten sie selbst keine Probleme mehr, vermittelten den Menschen salopp gesagt „wie Leben geht". Positive Botschaften, die auch ich jederzeit unterschreiben würde, wurden gleichsam von oben herab den Leuten gepredigt. Das Problem dabei war, dass mit diesen Botschaften den Menschen suggeriert wurde, sie seien in Wahrheit Loser.

Zum Beispiel:

„Du bist ein wertvoller Mensch und hast deshalb das Recht, reich zu sein. Dein innerer Reichtum darf sich auch im Außen durch finanziellen Reichtum zeigen. Du hast finanzielle Schwierigkeiten? Was machst du falsch?" Oder: „Deine Seele ist vollkommen. Deine Vollkommenheit darf sich auch im Außen durch den Körper zeigen. Du hast das Recht, gesund zu sein. Du bist krank? Was machst du falsch?" Oder: „Du hast das Recht zu lieben und geliebt zu werden. Dieses Recht zeigt sich auch durch eine erfüllte Partnerschaft. Du hast Beziehungsprobleme? Was machst du falsch?" Unterschwellig schrien die neuen Gurus auf den Podesten: IHR LOSER …!" Mit den Botschaften, dass positives Denken und „spirituelle" Verhaltensweisen zu einem glücklichen Leben führen und somit im Umkehrschluss jeder selbst durch negatives Denken und „nichtspirituelles" Verhalten schuld an seinem Unglück ist, übernahmen die neuen Gurus die Jobs der alten Priester: „Ihr büßt für eure Sünden!" Wenn man beim Universum alles bestellen kann und mit den richtigen Techniken alle Wünsche erfüllt werden, muss es an dem Besteller und Wünschenden liegen, wenn es im Leben Schwierigkeiten gibt. Wer hingegen „richtig" meditiert hat keine Sorgen mehr …

Mit dieser Entwicklung hatte sich die ursprüngliche Lehre der Meditation ins Gegenteil gekehrt. Die alten Meister des Ostens lehrten: „Meditation ist die totale Akzeptanz im Hier und Jetzt." Sie lehrten auch: „Die Energie folgt der Achtsamkeit." Jegliche Wünsche sind auf die Zukunft ausgerichtet. Richten wir unsere Achtsamkeit (zu sehr) auf sie, sind wir weder im Hier und Jetzt noch akzeptieren wir die gegenwärtige Abwesenheit dessen, was wir gerade wünschen. Wir richten die Achtsamkeit vielmehr auf den Mangel. Da die Energie der Achtsamkeit folgt, erschaffen wir auf diese Weise noch mehr Mangel in unserem Leben. Wahre Fülle hingegen ist nur in der Gegenwart möglich. Es erfüllt uns all das, was jetzt in unserem Leben da ist. Darauf sollten wir unsere Achtsamkeit lenken.

Viele Menschen führen genau das Leben, das sie sich einmal ge-wünscht hatten: Sie hatten einst den Wunsch zu heiraten und sind nun verheiratet. Sie hatten einst den Wunsch, Kinder zu bekommen, und sind nun Mutter oder Vater. Sie hatten einst den Wunsch nach einem

Haus und wohnen nun darin. Sie hatten einst den Wunsch, genügend zu essen und zu trinken zu haben, und leben nun in Wohlstand. Sie hatten den Wunsch, gesund zu sein, und sind es. Viele Wünsche sind ihnen erfüllt worden, aber sind sie glücklich? Sobald ein Wunsch erfüllt ist, kommt oft der nächste. „Ein jeder Wunsch, wenn er erfüllt, kriegt augenblicklich Junge" schrieb einst Wilhelm Busch.

Meditation „um zu" gibt es nicht: Um reich zu werden, um glücklich zu werden, um gesund zu werden, um den richtigen Partner zu finden etc. In der Meditation akzeptiere ich vielmehr die Umstände und Zustände, die gerade in meinem Leben präsent sind. Das bedeutet nicht, dass ich sie fixiere oder gutheiße, sondern einfach nur, dass ich sie hier und jetzt annehme. Dabei bin ich mir darüber bewusst, dass mein Leben und ich selbst ein nicht abgeschlossener Prozess ständiger Bewegung und Veränderung sind. Mit Meditation erreicht man viel, sofern man nichts durch sie erreichen will. „Du darfst noch nicht einmal ans Bekommen denken!" lautete ein Satz meiner Lehrer in den 90ern. Spirituelle „Wünsch dir was" Techniken sind auf das Nehmen ausgerichtet, das Dalmanuta-Prinzip lehrt die gebende Richtung. Die Benennung unserer Meditations- und Reikilehre nach dem Meditationsort von Jesus beruht auf dessen Appell: „Liebe deinen Nächsten wie dich selbst." Beides ist nur in der Haltung der Akzeptanz möglich. Solange wir nur auf unsere eigenen sowie die Mängel unserer Mitmenschen achten, ist es schwierig mit der Selbst- und der Nächstenliebe.

„Liebe deinen Nächsten wie dich selbst" ist auch ein Auftrag für die Lebensfreude. Zu ihr gehört der Dienst am Nächsten. Wer alles nur für sich und nichts für andere tut, kann nicht wahrhaft glücklich werden. Freude und Liebe fließen in der gebenden Richtung. Darin unterscheiden sie sich vom Genuss. Wir können ein Essen einnehmen und genießen, wir können eine Massage nehmen und genießen, wir können uns einen Film anschauen und genießen und so weiter. Genuss ausschließlich aber führt eher in die Übersättigung als in die Lebensfreude. Man frage die Reichen und Schönen, sie werden es bestätigen.

Der Meditations- und Reiki-Lehrer Florian Karch präsentierte während seiner Ausbildung bei uns die folgende Arbeit: Er erzählte von der Titanic, die 1912 unterging. An Bord befanden sich 2224 Menschen, untergebracht in drei Kategorien. Die Reichen fuhren erster Klasse, die Ärmeren fuhren zweiter oder dritter Klasse. Als das Schiff unterging, empfanden die Menschen in sich keinen Klassenunterschied mehr, jeder war in diesen Stunden einfach nur ein Mensch, der überleben wollte. Nach dem Untergang stellte die Reederei in Liverpool zwei Gedenktafeln auf. Auf der einen Tafel stehen die Namen der Überlebenden: "Known to be saved" (Bekannt als gerettet), auf der zweiten Tafel stehen die Namen der Ertrunkenen: "Known to be lost" (Bekannt als verloren). Und dann sprach Florian über die Menschen in seinem Leben, von denen sich einige der so genannten High Society zugehörig fühlen, in deren Augen er jedoch noch nie den Funken der Freude hätte sehen können. Diese stünden im übertragenen Sinne auf der Tafel derjenigen, die ihr Leben verloren hätten. Umgekehrt kenne er Menschen, die nicht reich an Geld, dafür aber glücklich seien. Sie stünden im übertragenen Sinne auf der Tafel derer, die ihr Leben gerettet hätten. Dann bat Florian die Teilnehmer darum, die Augen zu schließen und sich selbst die Frage zu stellen: „Auf welcher Tafel steht mein Name: „Known to be lost" oder „Known to be saved?"

Ein glücklicher Mensch ist dankbar für das, was er hat und für das, was er weitergeben kann. Er vermehrt das Wertvolle in sich, indem er dafür sorgt, dass auch andere dankbar sein können. Auch das kleine Mädchen aus dem Märchen „Sterntaler" wurde nicht reich an Glück, weil es die richtigen Bestellungen beim Universum eingereicht beziehungsweise eine geheime Visualisierungstechnik angewandt hatte, um das Gesetz der Anziehung für sich zu nutzen. Es wurde vielmehr belohnt, weil es bereit war zu geben, ohne an das Bekommen zu denken.

Daher halte ich es für keine schlechte Idee, die Übung der Dankbarkeit an den Beginn dieses Buches zu stellen.

Setz dich hin,
schließe deine Augen und mache dir bewusst, was jetzt alles in deinem Leben da ist, wofür du dankbar sein kannst.

Ab und an sollten wir unsere Achtsamkeit auf die Dinge und Geschehnisse richten, für die wir momentan dankbar sein können. Oft sind es Kleinigkeiten, die wir ansonsten für selbstverständlich gehalten hätten. Durch die Übung schärfen wir den Blick für das Gute und Schöne in unserem Leben. Der Trick besteht also darin, nicht das zu wünschen, was noch nicht da ist, sondern das bereits Vorhandene zu betrachten und dessen Wert zu schätzen. Das Stichwort lautet "Absichtslosigkeit". Dankbarkeit verträgt keine Forderungen. Das bedeutet keineswegs, dass man sich nichts mehr wünschen soll oder nicht mehr um Hilfe bitten darf. Vor der Dankbarkeit steht oft die Bitte. Aber die Bitte darf nicht zur Erwartung werden.

Was hat man uns beigebracht, worum es im Leben geht? Was gilt es zu erreichen, was gilt es zu vermeiden? Was war der Masterplan, den uns unsere Eltern beziehungsweise Großeltern für unseren Lebensweg mitgegeben haben? Wer kennt diese Sätze nicht: "Kind, sieh zu, dass ..." Oder möglicherweise auch negativ ausgedrückt: "Kind, mach nicht diesen oder jenen Fehler ..." Manche guten Ratschläge wurden möglicherweise auch nicht verbal formuliert, sondern vorgelebt.

Worum geht es im Leben? Um Status und Ansehen? Um den guten Ruf? Ist es wichtig, was die Leute denken? Oder geht es vielmehr um Reichtum und Profit? Ist es wichtig, viel Geld zu haben? Geht's vielleicht darum, so lange wie möglich etwas von der Rente zu haben? Weil möglicherweise der Onkel nur ein Jahr nach Renteneintritt gestorben ist und dummerweise mehr in die Sozialkassen eingezahlt als rausgeholt hat? "Sieh zu, dass du es besser machst!" würde der gutgemeinte Rat in diesem Fall lauten.

Oder geht es um Vergnügen? Ist es wichtig, so viel wie möglich Spaß zu haben?

Oder geht es um das Gegenteil von Spaß, zum Beispiel um Frömmigkeit? Ist es wichtig für das Seelenheil, den lieben Gott durch die

Einhaltung seiner Gebote zufrieden zu stellen? Oder geht es um Fleiß und Pflichterfüllung? Erst die Arbeit, dann das Vergnügen?

Geht es um das äußere Erscheinungsbild? Ich kannte zum Beispiel eine Frau, die ihrer jugendlichen Tochter das Rauchen nahelegte, um deren Übergewicht zu vermeiden.

Geht es im Leben um Bildung? Ist es wichtig, so viel wie möglich zu wissen?

Geht es um Macht? Ist es wichtig, "das Sagen zu haben ..."?

Geht es um die Familientradition, also darum, dass Erbe der Familie weiterzutragen? Wie viele Töchter und Söhne haben die Firma ihrer Eltern weitergeführt, obwohl dies nicht ihrer inneren Wahrheit entsprach?

Geht es um Reisen? Ist es wichtig, so viel wie möglich von der Welt zu sehen?

Geht es um Erfolg? Ist es wichtig, besser als andere zu sein?

Geht es um Applaus? Ist es wichtig, viel Lob und Anerkennung von anderen zu erhalten?

Geht es um Gehorsam? Ist es wichtig, folgsam gegenüber Autoritäten zu sein? „Wie konntest du deinem Vater so etwas antun ...?", ist ein Satz, den eine Teilnehmerin von mir bis heute nachhaltig im Gedächtnis hat.

Geht es um Beliebtheit? Ist es wichtig, viele Freunde zu haben?

Geht es um Jugendlichkeit? Ist es wichtig, den Alterungsprozess so lange wie möglich aufzuhalten?

Im Fußball gibt es den Begriff "Matchplan". Als ich noch aktiv war, kannte man weder den Begriff noch die Bedeutung, es wurde mehr oder weniger drauf los gespielt. Es gab taktische Vorgaben und einstudierte Spielzüge, aber keinen Plan, der das ganze Spiel abdecken sollte. Möglicherweise ist es auch so im Leben mancher Menschen, die von Kindheit an einfach so drauf los leben. Ohne Matchplan, sozusagen. Andere wiederum arbeiten ihren Plan ab, der den Weg zu einem erfüllten Leben weisen soll: Schule, Ausbildung, Familiengründung, Altersvorsorge etc.

Die meisten Trainer werden der Aussage zustimmen, dass letztendlich nur das Ergebnis des Spiels entscheidend ist: Hauptsache gewonnen, mit welcher Taktik oder welchem Matchplan auch immer. Aber was sollte das Endergebnis am Ende eines Lebens sein? Niemand wird auf seinem Sterbebett sagen: „Ich habe zwei zu Null gewonnen". Das Leben ist kein Gegner, den man besiegen könnte bzw. gegen den man verlieren könnte. (Der Vollständigkeit halber: Unentschieden geht auch nicht ...)

Was ist am Ende unseres Lebens wichtig? Werden wir bei der Rückschau auf unser Leben die Erfolge bzw. Misserfolge gemäß den Vorgaben unserer Eltern, Großeltern bzw. anderer Autoritäten beurteilen? Oder überlassen wir das Fazit ganz den anderen, die aus ihrer Sicht beurteilen, ob wir ein gutes oder schlechtes Leben geführt haben? Dann könnte auf unserem Grabstein stehen: „Mein Leben hat allen gefallen! (Und im schlechtesten Fall darunter: Nur ich fand's Scheiße...)"

Besser ist es, wenn wir uns selbst lange vor dem Ende unsere eigene, höchstpersönliche Antwort auf die Frage gegeben haben, worum es in unserem Leben geht. Mark Twain hat einmal sinngemäß gesagt, dass es zwei besondere Tage im Leben eines Menschen gäbe. Der erste ist der Tag, an dem man geboren wird und der zweite ist der Tag, an dem man erkennt, wozu.

Worum geht es im Leben? Ich glaube, es geht um:

LEUCHTENDE AUGEN!

Unsere eigenen wie auch die der anderen. Der Weg dorthin führt über

Kreativität,
Begeisterung
und Wert.

Leuchtende Augen sind Ausdruck der Begeisterung, wenn jemand von seinen Projekten erzählt. Die Projekte sind Ausdruck der Kreativität. Sie sind dann (besonders) wertvoll, wenn auch andere etwas von ihnen haben.

Und wenn ich einen großen Leitsatz formulieren müsste, würde er lauten:

„Jeder Mensch ist auf diese Welt gekommen, um etwas zu erschaffen, was es vor ihm noch nicht gab und das seine eigene irdische Existenz überdauert."

Wir sind schöpferische Wesen und genau dies ist unsere Aufgabe. Wir sollen erschaffen. Konsumieren allein reicht nicht. Ich glaube fest daran, dass nur der Mensch glücklich werden kann, der für sich eine Aufgabe gefunden hat, die ihm Freude bereitet und mit der er anderen helfen kann. Wir haben unsere Fähigkeiten und Talente erhalten, um sie nicht nur zu unserem eigenen, sondern auch zum Wohle anderer einzusetzen. Viele streben nach einem guten Leben, nach Gesundheit, finanzieller Sicherheit, nach einer erfüllten Partnerschaft und so weiter. Dagegen habe ich nichts einzuwenden. Wenn es aber nur noch darum geht, das Leben zu konsumieren, stimmt die Richtung nicht. Konsum ist die nehmende Richtung, das Glück jedoch kommt meines Erachtens nur zu denen, die auch in der gebenden Richtung unterwegs sind. Aufgabe und Hingabe sind Voraussetzung für ein erfülltes Leben. Viele Menschen sind unglücklich, weil ihnen eines von beiden fehlt. Die einen wissen nicht, was sie mit ihrem Leben anstellen sollen. Ihr Leben ist unerfüllt, weil sie keine Aufgabe (mehr) haben. Andere wiederum haben zwar eine Aufgabe, die sie voll und ganz in Anspruch nimmt, dafür fehlt ihnen jedoch die Hingabe. Sie empfinden ihre Aufgabe nicht als Erfüllung, sondern als Last. Die Aufgabe füllt ihren Tag mit Stunden, nicht aber ihre Seele mit Freude.

Immer wieder frage ich in den Seminaren die Menschen: „Wofür möchtest du deine Lebenskraft einsetzen? Was ist dein Dienst am Nächsten?" Ich bin dann nicht auf Heldengeschichten wie: „Auf diese Weise rette ich die Welt ..." aus, die Beschreibung des Berufes oder auch des Hobbys reicht mir oft als Antwort aus. Ich erinnere mich beispielsweise an einen Betreuer einer Fußballmannschaft, die ich in den 1980er Jahren trainierte. Der Mann sorgte dafür, dass die Trikots gewaschen und die Bälle aufgepumpt waren. Seine Nächsten waren die fußballspielenden Kids. Ein Freund von mir ist Küchenhelfer in einem Hotel an der Nordsee, seine Nächsten sind in diesem Kontext die Urlaubsgäste. Wer in einem Krankenhaus, einer Schule, einer Kita, einem Lebensmittelladen arbeitet, versieht ebenfalls Dienst am Nächsten. Eine Bekannte, bereits in Rente, liest alten Menschen in deren Wohnheim Geschichten vor. Sie wäre bestimmt nicht glücklicher, wenn sie dies nicht mehr tun würde und ihre Zeit stattdessen vor dem Fernseher verbringen würde. Manchmal stelle ich die Frage auch anders: „Was würdest du tun, wenn du 100 Millionen Euro zur freien Verfügung hättest? Was würdest du mit diesem Geld machen? Wofür würdest du es einsetzen?" Bislang hat mir noch keiner gesagt, dass er es ausschließlich für sich verwenden würde. Jeder wusste einen Bereich, für den er zumindest einen Teil des Geldes investieren würde: Für die Hungerhilfe, für Friedensorganisationen, für Kinderhospize und so weiter. Dann fragte ich weiter: „Was könntest du denn jetzt schon machen, ohne dass du dieses Geld hast? Schließlich hast du eine andere Währung zur Verfügung: deine Talente."

Zurzeit Jesu hieß eine griechische Währungseinheit „Talent". In dem Gleichnis von den anvertrauten Talenten erzählt Jesus die Geschichte eines reichen Mannes, der sein Geld vor einer Reise ins Ausland den zurückbleibenden Knechten übergibt. Die Aufteilung entspricht den Fähigkeiten der Knechte. Der eine erhält fünf Talente, ein anderer zwei, ein dritter bekommt nur ein Talent. Während der Abwesenheit ihres Herrn handeln die ersten beiden mit dem anvertrauten

Geld und verdoppeln es. Aus fünf werden zehn, und aus zwei werden vier Talente. Der dritte Knecht ist ängstlich. Er befürchtet, das eine Talent zu verlieren, und vergräbt es. Bei seiner Rückkehr fragt der Herr die Knechte, was aus dem Geld geworden ist. Die ersten beiden belobigt und befördert er. Den dritten Knecht trifft die Wut des Herrn, der ihm vorhält, nichts riskiert zu haben. Die Rechtfertigung des Knechts, er habe aus Angst gehandelt, stößt auf kein Verständnis. Der Herr nimmt ihm das Talent weg und gibt es dem, der bereits zehn hat. „Denn wer hat, dem wird gegeben, und wer nichts hat, dem wird selbst das Wenige genommen." Die Botschaft der Geschichte lautet: Wir sollten unsere Talente nutzen, damit sie nicht verkümmern.

Reichtum entsteht durch Investition. Wir müssen bereit sein, etwas in unser Leben einzubringen. Wenn wir im Alter auf unser Leben zurückblicken, bewegt uns weniger das, was wir alles besessen, als vielmehr das, was wir getan haben, nicht allein für uns, sondern auch für andere. Das Leben eines Menschen, der sich ausschließlich um sich selbst dreht, wird auf Dauer fad und öde. Das ist auch die Botschaft des Films „Und täglich grüßt das Murmeltier", in dem ein Mann in eine Zeitschleife gerät. Er muss immer wieder denselben Tag erleben. Die Story geht so:

Der TV-Wetteransager Phil Connors reist widerwillig in eine Kleinstadt im Bundesstaat Pennsylvania, wo man den 2. Februar als den "Tag des Murmeltiers" begeht. Phil kommt mies gestimmt im Ort an und die Menschen dort gehen ihm auf die Nerven. Am nächsten Morgen hat sich seine Laune nicht gebessert. Er empfindet es als erniedrigend, ausgerechnet einen TV-Beitrag über ein Murmeltier drehen zu müssen, und möchte möglichst schnell wieder weg. Weil aber der Highway durch einen aufziehenden Schneesturm blockiert wird, ist Phil nach der Veranstaltung gezwungen, noch einmal dort zu übernachten. Ausgerechnet hier beginnt sein Tag nun immer neu mit den gleichen Ereignissen: Jeden Morgen um 6 Uhr erwacht er, und es ist immer wieder der 2. Februar. Niemand außer ihm merkt, dass sich der Murmeltiertag ständig wiederholt. Phil ist zunächst ungläubig und zweifelt an seinem Verstand; doch bald beginnt er sein Wissen darüber für sich zu nutzen, um sich ein extravagantes Leben voller Vergnügungen, Geld und Frauen zu verschaffen. Er will seinen Spaß haben. Doch im Laufe der Zeit, in der sich der gleiche Tag immer wieder wiederholt, verzweifelt er und versucht, seinem Leben ein Ende zu setzen. Doch auch das gelingt ihm nicht. Jeden Morgen um sechs Uhr wacht er auf und es beginnt erneut der Tag des Murmeltiers. Erst als er sich darauf besinnt, sein Wissen über den Verlauf des Tages dazu zu benutzen, anderen Menschen zu helfen, wird er von dem Fluch befreit.

Manchmal stelle ich in meinen Seminaren auch die Frage: "Wofür bist du bereit zu sterben?" Diese Frage ist gleichbedeutend mit den Fragen: "Wofür lebst du? Was ist der Sinn deines Lebens?" Alle großen Visionäre haben gewusst, wofür sie lebten, und am Ende ihres Lebens haben sie auch gewusst, wofür sie starben. Das Dilemma vieler Menschen ist, dass sie glücklich werden wollen und nicht wissen, wie das geht. Ihnen ist nicht bewusst, dass ihr Glück verbunden ist mit dem Auftrag ihrer Seele. Und dieser Auftrag besteht darin, etwas zu erschaffen, was die eigene Vergänglichkeit überdauert. Die Erbauer des

Kölner Doms sind längst verstorben, ihre Schöpfung steht immer noch. Michelangelo ist längst verstorben, seine Werke existieren immer noch. Nun fühlt sich nicht jeder berufen, einen Dom zu bauen oder jahrelang die Decke einer Kathedrale anzumalen, aber dennoch hat jeder Mensch einen schöpferischen Auftrag. Allein die Erfüllung dieses Auftrags wird ihn glücklich machen können.

Die Frage nach dem Glück lautet also: "Was ist dein Projekt? Wofür würdest du auch am letzten Tag deines Lebens noch aufstehen, um es anzupacken?" Die Kunst, glücklich zu werden, besteht nicht zuletzt darin, dass man seinen persönlichen Auftrag erkennt und dann den Mut aufbringt, ihn auch konsequent umzusetzen. Das Projekt, mit dem wir es wirklich ernst meinen, ist das, was uns die größte Freude und zugleich das größte Leid schenken kann.

Schlechte spirituelle Lehrer sagen den Menschen: "Folge deinem Herzen und dein Leben wird leicht und bequem. Gute spirituelle Lehrer sagen den Menschen: "Folge deinem Herzen und dein Leben wird wahr!"

Schauen wir einmal auf den Matchplan des Mannes, nach dessen Lieblingsort diese Meditationslehre benannt ist: "Ich bin der Weg, die Wahrheit und das Leben." Anschließend dann die Aufforderung an die anderen, diesen Matchplan auch für das eigene Leben anzuwenden: „Folgt mir nach!" Meines Erachtens sind diese Worte, so wie viele andere von Jesus, häufig missverstanden worden. Viele glaubten, sie müssten den Weg Jesu gehen, die Wahrheit Jesu erkennen und ein Leben so wie Jesus führen. "Folge mir nach" bedeutet meines Erachtens jedoch: "Nimm dir ein Beispiel an mir. Tu es so, wie ich es getan habe. Geh deinen Weg, erkenne deine Wahrheit und lebe dein Leben."

Und zwar in dieser Reihenfolge! Ich muss zuerst den Weg gehen, bevor ich die Wahrheit erkennen kann. Viele wollen vorher einen Plan haben, gleichsam einer Landkarte. Doch wie könnte es eine Landkarte von meinem höchstpersönlichen Lebensweg geben? Wer anders als ich selbst könnte diese Karte zeichnen? Und wie könnte ich die Karte zeichnen, ohne den Weg zu kennen? Und wie anders könnte ich den Weg kennenlernen als dadurch, ihn zu gehen? Um in dem Bild des Matchplans zu bleiben: Kein anderer als ich selbst kann ihn für mich erstellen. Er entsteht im Laufe des Spiels. Im Spiel meines Lebens.

Der Meister der Liebe sprach zu seinen Schülern:
Ich bin der Weg, die Wahrheit und das Leben.

Ich gehe meinen Weg, ich erkenne meine Wahrheit, ich lebe mein Leben.
Folge mir nach. Mach es wie ich.

Geh deinen Weg, erkenn deine Wahrheit, leb dein Leben.
Tu es auf deine Weise.

Das Leben braucht dich, um leben zu können.
Das Leben braucht dich, um da zu sein.
Lebe! Tu es auf deine Weise.

Die Liebe braucht dich, um lieben zu können.

Die Liebe braucht dich, um da zu sein.
Liebe! Tu es auf deine Weise.

Die Berührung braucht dich, um berühren zu können.
Die Berührung braucht dich, um da zu sein.
Berühre! Tu es auf deine Weise.

Das Wort braucht dich, um gesprochen zu werden.
Das Wort braucht dich, um da zu sein.
Sprich! Tu es auf deine Weise.

Der Gedanke braucht dich, um gedacht zu werden.
Der Gedanke braucht dich, um da zu sein.
Denke! Tu es auf deine Weise.

Das Gefühl braucht dich, um gefühlt zu werden.
Das Gefühl braucht dich, um da zu sein.
Fühle! Tu es auf deine Weise.

Die Umarmung braucht dich, um umarmen zu können.
Die Umarmung braucht dich, um da zu sein.
Umarme! Tu es auf deine Weise.

Der Meister der Liebe sprach zu seinen Schülern:
Ich bin der Weg, die Wahrheit und das Leben.
Folge du mir nach. Mach es wie ich.
Tu es auf deine Weise.

So sei es.
Die Kompetenzen der Verantwortung

Nimm einen Zettel und einen Stift.

Schreibe oben auf das Papier die Worte:
  „Mein Weg"

In die Mitte des Blattes schreibe:
  „Meine Wahrheit"

Und etwas weiter unten:
  „Mein Leben".

Dann schließe deine Augen und achte auf deinen Atem.

Welches Wort fällt dir als erstes spontan ein,
  wenn du an deinen Weg denkst?

Welches Wort fällt dir spontan ein,
  wenn du an deine Wahrheit denkst?

Welches Wort fällt dir spontan ein,
  wenn du an dein Leben denkst?

Und welche Bitte hast du gerade für deine Zukunft?

Was liegt dir am Herzen,
  worum du das Göttliche um Unterstützung bitten möchtest?

Wenn du die Fragen in deinem Innern beantwortet hast,
  öffne deine Augen und schreibe die drei Worte und deine Bitte auf den
  Zettel.

Diese Übung ist eine der ersten auf unserer alljährlichen Lehrerreise in Israel. Jedes Jahr im August fahren wir mit einer Gruppe von Dalmanuta-Lehrern nach Jerusalem und an den See Genezareth. Am ersten Tag gehen wir auf den Berg Zion, setzen uns in die Dormitio Basilika, der Kirche der Benediktiner Mönche, nehmen zunächst an deren Mittagshore teil und machen anschließend die obige Meditation des Weges, der Wahrheit, des Lebens und der Bitte. Danach gehen wir, nach Möglichkeit schweigend, weiter zur Klagemauer, dem höchsten Heiligtum der Juden. Jeder Teilnehmer vollzieht dort die alte Tradition, den Zettel in eine der Mauerritzen zu stecken, die Steine mit den Händen und der Stirn zu berühren und ein persönliches Gebet zu sprechen.

Der Begriff „Klagemauer" wird von den Juden nicht benutzt, sie nennen sie einfach „westliche Mauer". Als Überrest der alten Tempelanlage ist sie ein Symbol für die Verbindung zwischen Gott und den Menschen. Nach jüdischer Tradition steigen an dieser Stelle die Gebete hinauf in den Himmel, ohne Umweg über das Sekretariat direkt in die Chefetage. In diesem Bewusstsein überlassen die Dalmanuta-Lehrer ihre Gedanken und Gefühle zu Weg, Wahrheit und Leben der himmlischen Mauer. Denn ohne göttliche Hilfe haben wir alle keine Chance.

"Verantwortung" ist das Thema des dritten Dalmanuta Reiki Grades. Der Begriff enthält das Wort "Antwort". Mit unseren Entscheidungen geben wir die Antworten auf die Fragen, sprich Herausforderungen, unseres Lebens. Die entscheidenden Fragen betreffen den Sinn unseres Lebens:

> Wofür bin ich hier?
>
> Wofür bin ich auf diese Welt gekommen?
>
> Wofür bin ich zu dieser Zeit an diesem Ort in diese Familie hinein geboren worden?"

Diese Fragen sind gleichsam die Basis, das Fundament für alle weiteren. Deren Beantwortung ist die erste Kompetenz der Verantwortung. Hinweise findet jeder Mensch in dem Rucksack, den er mit in dieses Leben gebracht hat.

Ich stelle es mir so vor:

Je nach Lebensauftrag stellt sich die Seele im himmlischen Reisebüro eine individuelle Tour zusammen. Steht fest, wohin der Trip in die Körperlichkeit gehen soll, an welchen Ort, in welche Zeit, wird ein Rucksack gepackt. Hinein kommen all die Fähigkeiten und Talente, die für die geplanten Unternehmungen benötigt werden. Das Erforderliche wird mitgenommen, das Störende wird in der geistigen Welt zurückgelassen. Wer, im übertragenen Sinne, den Atlantik überqueren will, schleppt keine Bergsteigerausrüstung mit sich herum. Vielleicht braucht man sie auf der nächsten Reise, wer weiß? Doch jetzt wäre sie nur hinderlich.

Unsere Fähigkeiten und Talente zeigen an, was wir uns vor der Geburt für dieses Leben vorgenommen haben. Ein Blick in den Rucksack genügt. Wir brauchen nicht neidisch sein auf die, die besser malen, singen oder was auch immer können. Es hat keinen Zweck, in die Rucksäcke der anderen zu schauen und zu bedauern, dass sie schöner gepackt sind als unserer. Jeder Mensch ist auf einer anderen Reise. Wenn ich mir beispielsweise vorgenommen hätte, zu komponieren, hätte ich mir die Fähigkeit des Notenlesens in meinen Rucksack gepackt. Obwohl ich Musik mag und auch während meiner Arbeit einsetze, sind Notenblätter für mich seit je her kryptische Geheimunterlagen. Aber wer weiß, vielleicht ist ja nur noch nicht die Zeit dafür gekommen. Denn mancher Lebensauftrag zeigt sich erst im Laufe des Weges. Als Kinder können wir den ganzen Umfang unseres Auftrags noch nicht überblicken. Es müssen nach und nach die Voraussetzungen geschaffen werden, damit wir den ganzen Auftrag erkennen und anschließend erfüllen können. Dafür begegnen wir auf unserem Weg Menschen und Situationen, die uns quasi als Boten des Göttlichen unseren Lebensauftrag Stück für Stück offenbaren. Sie sind Wegweiser für die weiteren Richtungen, die wir einschlagen sollen und bieten Gelegenheiten, uns für bzw. gegen das eine oder andere zu entscheiden. An den Kreuzungen unserer Lebenswege stoßen wir auf Herausforderungen, die uns dazu zwingen, in den Rucksack zu schauen und weiter auszupacken. Die Rucksäcke sind tief, man braucht ein ganzes Leben, um sie auszupacken. Und manches, von dem wir heute noch keine Vorstellung haben, liegt ganz unten. Doch viele fangen gar nicht erst mit dem Auspacken an. Bei der Rückkehr von der Reise wird uns die Frage gestellt: „Hast du den Rucksack ausgepackt? Hast du deine Fähigkeiten und Talente genutzt?" Und oft genug hören die Engel im Himmel die Antwort: „Tja, ist alles noch wie neu, ungebraucht. Aber vielleicht kann ich es ja hier für einen guten Preis verkaufen ...?"

In uns allen ist von Geburt an der Drang nach Entfaltung unseres Potentials. Zwar können wir unseren Lebensauftrag in der Kindheit noch nicht voll und ganz erkennen, was uns aber in die Wiege gelegt wurde, ist die Sehnsucht. Die Sehnsucht ist das Verlangen, unserer Bestimmung zu folgen und unser Lebenswerk zu erschaffen. Sie ist Ausdruck unserer Schöpferkraft. Viele Menschen haben den Kontakt zu ihrer Sehnsucht verloren. Wenn ich in den Seminaren frage: „Was ist deine große Sehnsucht?" erhalte ich von manchen als Antwort ein Achselzucken. Viele verwechseln die Bedeutungen von „Sehnsucht" und „Wunsch". Die Sehnsucht geht über den Wunsch hinaus, sie will das, was sie ersehnt, mehr erschaffen als bekommen. Sie strebt nicht nach einem Genuss, der kurz- bzw. mittelfristig erreicht werden könnte. Ein Wunsch ist seiner Erfüllung näher als die Sehnsucht. Er ist beherrschbarer, kann aufgegeben werden. Die Sehnsucht bleibt. Sie lässt sich nicht bewältigen. „Den Bauch zu regieren ist mit dem Verstand sehr mühsam und tut im Herzen weh" sagte mein Vater.

Die Sehnsucht ist immer in der gebenden Richtung unterwegs. Sie ist ein tiefes Verlangen nach Hingabe und zugleich eine Gefühlsqualität des derzeit „Unerreichbaren".

Der Wunsch nach Gesundheit ist das Verlangen, selbst gesund zu bleiben.
Die Sehnsucht nach Gesundheit ist das Verlangen, andere gesund zu machen.
Der Wunsch nach Freiheit ist das Verlangen, selbst frei zu sein.
Die Sehnsucht nach Freiheit ist das Verlangen, andere in die Freiheit zu führen.

Der Wunsch nach Liebe ist das Verlangen, selbst geliebt zu werden.

Die Sehnsucht nach Liebe ist das Verlangen, Liebe in die Welt zu tragen.

Setze dich für einen Moment ruhig hin und schließe deine Augen.
Erinnere dich:
„Was war die große Sehnsucht meiner Kindheit?"

Eine Teilnehmerin meiner Seminare spielte mit dem Gedanken, die Ausbildung zur Dalmanuta-Mediationslehrerin zu absolvieren. Was sie zögern ließ, war ihr Alter: „Wisst ihr, wie alt ich bin, bis ich die Ausbildung beendet und eine eigene Meditationsgruppe gegründet habe?" fragte sie in die Runde. Daraufhin sagte eine andere Seminarteilnehmerin zu ihr: „Genauso alt, als wenn du es nicht machen würdest!" Das Argument überzeugte sie. Sie entschied sich für die Ausbildung und arbeitet derzeit im Alter von über 70 Jahren erfolgreich als Meditations- und Reikilehrerin.

Nach der Sinnfindung folgt die Entscheidung. Sie ist die zweite Kompetenz der Verantwortung. Wenn wir unseren persönlichen Weg erkannt haben, müssen wir uns entscheiden, ihn zu gehen. Wenn wir unsere Wahrheit erkannt haben, müssen wir uns entscheiden, gemäß ihrer zu leben. Wenn wir unseren Lebensauftrag erkannt haben, müssen wir uns entscheiden, ihn zu erfüllen. Dafür müssen wir ins Tun kommen. Ansonsten bleibt unsere Sinnfindung abstrakt und ohne konkrete Folgen und unsere Erkenntnis verkümmert zu einer philosophischen Betrachtung.

Ich gebe zu: Ziemlich viel „müssen" in den vorherigen Sätzen... Ich habe in den vergangenen Jahren oft von Leuten gehört, dass ihnen das Wort „müssen" nicht gefällt. „Ich muss gar nichts..." sagten oder schrieben sie mir. Das stimmt, da gebe ich ihnen recht. Jede Entscheidung ist freiwillig, ein Zwang dahinter besteht nicht. Das gilt auch für meine Aussage bezüglich des persönlichen Lebensauftrags - jedoch nur aus Sicht der Person: Wir müssen nichts. Außer sterben. Aus Sicht unserer Aufträge aber schon: Diese brauchen unsere Entscheidung und unser Handeln zwingend, um verwirklicht zu werden! Richtig ist: Keine Entscheidung ist auch eine Entscheidung: Dann ist sie „PASSIV" und „DAGEGEN". Unser Lebensauftrag aber braucht unsere aktive Entscheidung „DAFÜR"!

Ich glaube auch, dass wir Menschen in Vorleistung gehen müssen. Wenn wir nichts säen, werden wir auch nichts ernten. Jeder Bauer muss in Vorkasse gehen. Er muss das Saatgut kaufen, er muss seine Arbeitskraft aufbieten, er muss Zeit und Geld investieren. Gott ist mit den Tüchtigen. Dass ohne die Jungs und Mädels da oben nichts geht, ist mir sehr bewusst. Aber ohne unser Zutun hier unten auf der Erde läuft bezüglich unserer Projekte auch nichts.

In der katholischen Kirche St. Marien in Schillig, dem Ort meiner Seminare, steht eine kleine Madonnenfigur. Sie ist aus Holz geschnitzt und stammt aus dem 13. Jahrhundert. An dieser Statue ist alles perfekt, mit einer Ausnahme: Sowohl der Madonna als auch dem kleinen Jesuskind fehlen die Hände. Die Botschaft dieses Symbols des Göttlichen lautet. „Ich habe keine anderen Hände als eure!" Anders ausgedrückt: „Wenn ihr handelt, sind wir bei euch und helfen. Wenn ihr nicht handelt, haben wir gemeinsam keine Chance!"

Warum tun sich manche Menschen so schwer mit Entscheidungen?

Vielleicht wollen sie sich nicht an einen Entschluss binden.

Vielleicht wollen sie sich alle Optionen offenhalten.

Vielleicht scheuen sie die Verantwortung.

Vielleicht befürchten sie die Konsequenzen.

Vielleicht glauben sie, dass sie nicht entscheiden dürfen, dass sie später noch entscheiden können. Oder schlicht und ergreifend aus Gründen der Bequemlichkeit: „Ich lass mal alles auf mich zukommen ..."

Fallbeispiele für die obengenannten Aspekte erspare ich mir. Jeder von uns kennt genügend Fälle von Entscheidungsschwäche. Natürlich nur bei anderen ...

Manchmal höre ich auch: „Ich treffe keine Entscheidungen, ich lasse mich stattdessen führen. Das Universum trifft die Entscheidungen für mich." „Okay", antworte ich dann, „das gilt ebenso für mich: Ich lasse mich auch führen. Meine himmlischen Begleiter jedoch senden mir keine Entscheidungen, sondern Gelegenheiten, für die ich mich dann selbst entscheiden kann." Schließlich macht es keinen Unterschied, ob man die Entscheidungen irdischen oder geistigen Instanzen überlässt: Beides bedeutet Fremdbestimmung. Ein fremdbestimmter Mensch ist nicht wirklich frei. (Freiheit bedeutet, selbstbestimmte Entscheidungen treffen zu können. Das bedeutet im Umkehrschluss, dass ein Mensch seine Freiheit nicht nutzt, solange er keine Entscheidungen trifft.) Freiheit betrifft die Möglichkeit der Wahl. Nur ein Mensch, der von dieser Möglichkeit Gebrauch macht, ist wahrhaft frei. Ein wahrhaft freier Mensch ist bereit, sich festzulegen, indem er eine bindende Entscheidung trifft. Er sagt nicht: „Vielleicht", sondern „So sei es!"

„Eure Rede sei Ja oder Nein, der Herr mag die Lauen nicht", lautet sinngemäß ein Satz in der Bibel. Die Lauen sind die, die sich nicht festlegen wollen. Nicht Fisch, nicht Fleisch, ist ihre Devise. „Mit solchen Leuten kannst du keinen Krieg gewinnen" sagt der Mafioso in meinem Buch „Die Kunst der achtsamen Schutzgelderpressung – was Yogis und Mafiosi voneinander lernen können." Dessen zentrale Botschaft lautet: „Mein Wille ist nicht verhandelbar und ich laufe nicht weg, wenn es mal schwierig wird." Auf dieser Formel beruht die dritte Kompetenz der Verantwortung: Durchsetzung.

Wenn wir den Sinn unseres Lebens erkannt und uns dafür entschieden haben, müssen wir unsere Entscheidung umsetzen und gegen mögliche Widerstände auch durchsetzen. Dabei kommen die Widerstände nicht (nur) von Außenstehenden, die gegenläufige Wahrheiten als wir vertreten, sondern auch von Menschen, die uns nahestehen und die uns generell wohlgesonnen sind. Solange wir nicht alleinstehend sind müssen auch unsere Lieben mit den Begleitumständen unserer Entscheidungen leben. (Dass jene dazu führen können, dass wir alleinstehend werden, steht auf einem anderen Blatt unter Kleingedrucktes …)

Von unseren Nächsten können wir nicht ständig Applaus erwarten für das, was wir sagen und tun. Wir können auch nicht erwarten, dass sie all unsere Entscheidungen gutheißen. Wir können lediglich einfordern, dass sie unser Handeln respektieren. Teile deinen Entschluss freundlich mit und erkläre deine Beweggründe. Aber bitte andere nicht um Erlaubnis und rechtfertige dich nicht!

Mein Vater hat mir beigebracht, dass man schwerwiegende Entscheidungen allein treffen sollte. Man dürfe keinem anderen die Last der Verantwortung übertragen, die großen Themen müsse man mit sich selbst ausmachen. „Sprich erst darüber, wenn du die Entscheidung getroffen hast", sagte mein Vater.

Nun ist mein Vater kein Typ für die Yogamatte, mit Meditation beschäftigt er sich nicht. Dennoch betreibt er sie. Er geht auf Wandertouren, sitzt stundenlang vor dem Computer, kann super kochen, qualmt Zigarren und liebt gutes Essen und Trinken. Er interessiert sich für alles Mögliche, weiß sehr viel und manches auch besser. Er ist sozial eingestellt und hilft, wo er kann. Kurzum: Er nimmt am Leben teil.

Nichts anderes ist Meditation. Meditation ist die Kunst der Mitte (lateinisch: medium). Ein meditativer Mensch ist mittendrin im Leben. Auch die Art und Weise, wie mein Vater große Entscheidungen trifft, hat meditativen Charakter: Er betreibt eine Form des „achtsamen Gehens". Zur Entscheidungsfindung setzt er sich nicht in einen

Meditationsraum, sondern geht eine Runde um den Häuserblock. Seine Technik ist, sich für die alternative Möglichkeit zu entscheiden, die er in dem Augenblick bevorzugt, an dem er an den Ausgangspunkt seines Laufs wieder angekommen ist. Während des Gangs um den Block herum gestattet er sich, mal zu der einen und mal zu der anderen Möglichkeit zu tendieren. Am Punkt der Entscheidung jedoch fackelt er nicht lange, sondern zieht das Ding durch.

„Du darfst dich nicht lange mit der Entscheidung herumquälen, sondern musst eine Deadline setzen", sagte er mir. „Und wenn du dich entschieden hast, darfst du deinen Entschluss niemals mehr in Zweifel ziehen."

Nach der Stille der Entscheidungsfindung folgt der Lärm der Verkündung. Nun müssen wir unseren Entschluss auch den anderen gegenüber klar und deutlich vermitteln. Unsere innere Klarheit muss zur äußeren werden. Nach dem stillen Gang um den Häuserblock heißt es: Megafon raus, lassen wir den Ruf unserer Entscheidung erklingen! Dabei gilt: Taten sind lauter als Worte.

Die Ernsthaftigkeit eines Entschlusses zeigt sich manchmal auch an der Bereitschaft, für ihn zu kämpfen. Oft schon haben mir Menschen von Entscheidungen berichtet, die sie für sich und für die Zukunft getroffen hätten. Und immer wieder habe ich ihnen gesagt:

„Wunderbar. Dann setz deinen Entschluss mit allem, was du hast, in die Tat um."

„Nun ja", sagten dann viele, „nicht gerade mit allem, was ich habe, zumindest noch nicht. Man muss ja nicht gleich mit Kanonen auf Spatzen schießen. Ich versuche es erst einmal auf die sanfte Tour. Ich taste mich voran, und wenn es so sein soll, wird es so kommen, wie ich es möchte."

„Bullshit", antworte ich in solchen Fällen und schicke zur Abwendung schlechten Karmas dem Schimpfwort schnell das bereits erwähnte Bibelwort hinterher: „Gott ist mit den Tüchtigen." Das bedeutet, er ist mit denen, die es ernst meinen. Tüchtigkeit und Bereitschaft sind zwei Aspekte deiner Ernsthaftigkeit. Wenn du es mit deiner Entscheidung nicht ernst meinst, wie sollte es denn das Göttliche ernst meinen? Das ist einer der Paragrafen im Gesetz der Resonanz. Die göttliche Hilfe entspricht immer deiner Ernsthaftigkeit und Bereitschaft. Die Floskel: „Wenn es so sein soll ...", ist eine Ausrede für esoterische Phlegmatiker."

Einige erschrecken sich dann über die Heftigkeit meiner Reaktion. Sie sind überrascht, dass ich ihren Entschluss in diesem Moment offenbar ernster nehme als sie selbst.

Jemand sagte: „Ich möchte nicht mehr kämpfen. Es soll leicht gehen." Nun ja, auch ich habe es lieber, wenn alles leicht geht und ich nicht auf Schwierigkeiten im Außen stoße. Leicht fällt mir zum Beispiel meine Arbeit, wenn ich Vorträge, Seminare, Workshops und so weiter halten darf. Dafür habe ich Talent, ich mache es gerne und fühle mich leicht und geborgen, wenn ich es tue. Aber um es tun zu können, muss ich Vorleistungen erbringen, die ich nicht so gerne mache und die mir manchmal auch schwerfallen. Ich muss zum Beispiel Veranstalter für meine Vorträge suchen, muss etwas Werbung für die Workshops machen und zusehen, dass ich genügend Teilnehmer für meine Seminare bekomme. Und ich übe im Innendienst noch meinen gelernten Beruf als Polizist aus. Mein Pensum ist hoch und nicht immer leicht. Aber ich weiß, wofür ich es mache! Ich weiß, wofür ich kämpfe. Manchen gefällt das Wort „Kampf" nicht. Ich persönlich habe kein Problem mit diesem Begriff, der sich ableitet von dem lateinischen Wort „campus", wörtlich übersetzt „Feld". Auf dem Feld unseres Lebens müssen wir bestehen, das bedeutet auch, für uns und unsere Sache einzustehen. Selbstverständlich dürfen und müssen wir uns manchmal wehren, aber immer mit der Zielrichtung, dass wir es für uns bzw. für unser Anliegen tun. Es ist ein Unterschied, ob man für oder gegen etwas (bzw. jemanden) kämpft. Ein Kampf für etwas ist die gebende, der Kampf gegen etwas ist die nehmende Richtung. Letzteres macht auf Dauer mürbe und missmutig. Viele kennen nur diese Richtung des Kampfes, sie liegen ständig auf Kriegsfuß mit irgendjemandem oder mit irgendetwas. Sie beschweren sich (im wahrsten Sinne des Wortes ...) und ihre dauernden Kämpfe gegen etwas halten sie davon ab, für etwas zu kämpfen. Jeder von uns kennt Menschen, die nur motzen, sich aber nirgendwo richtig engagieren. Diejenigen hingegen, die sich engagieren, haben keine Zeit zu motzen.

„Fang heute an, kühn zu handeln. In dem Moment, wo du dich einer Sache wirklich verschreibst, rückt der Himmel in deine Reichweite.", schrieb einst Johann Wolfgang von Goethe.

Wenn diese Erfahrung des alten Dichters zu unserem Glauben wird, besitzen wir die vierte Kompetenz der Verantwortung. Was könnte uns alles gelingen, wenn sogar die himmlischen Mächte auf unserer Seite sind? Daher appellierte Jesus an seine Schüler, nicht kleingläubig, sondern großgläubig zu sein: „Dann könnt ihr (im übertragenen Sinne) Berge versetzen!", lehrte er.

Und der alte Seneca schrieb: „Nicht weil die Dinge schwierig sind, wagen wir sie nicht, sondern weil wir sie nicht wagen, sind sie schwierig."

Je größer unser Glaube, desto größer unsere Macht. Damit ist nicht die Macht über jemanden gemeint, sondern unsere Handlungsfähigkeit, verbunden mit dem Glauben, dass das, was wir tun, auch machbar ist. Der Glaube, dass es uns gelingt! Glauben wir jedoch an unsere Machtlosigkeit, werden wir nichts ausrichten können. Wir lösen zum Beispiel viele Probleme nicht, weil wir meinen, dass andere sie lösen müssten, zum Beispiel Politiker, Wissenschaftler, Wirtschaftsbosse. „Was kann ich als Einzelner schon tun?", fragen sich manche. Unsere Macht kann jedoch nicht größer sein als unsere Bereitschaft, Verantwortung zu übernehmen. Sicherlich können wir nicht allein die ganze Welt retten, aber jeder von uns kann einen Beitrag leisten, die Welt zum Positiven zu verändern. Der eine in diesem Bereich des Lebens, der andere in jenem. Jeder an seinem Platz, jeder auf seine Weise und jeder mit seiner Bestimmung. Es gibt so viel zu tun da draußen! Oder, wie meine geistigen Lehrer es formulierten: „Die Zeit ist knapp und die Arbeit ungeheuer."

Vor einiger Zeit sagte mir jemand: "Ich habe keine Aufgabe in meinem Leben."

"Wenn du keine Aufgabe hättest, wärest du nicht hier", entgegnete ich. "Sieh dich um, in dir und außerhalb von dir. Was bewegt dich, was berührt dich? Schau auf die Situationen deines Lebens und frag dich: Was möchte ich verändern?"

Jeder Mensch trägt eine Sehnsucht in sich, die hervorgebracht werden will. Und irgendwann in unserem Leben erhalten wir die Gelegenheit dazu. Manchmal zeigt sich die Gelegenheit durch ein Leid, das wir selbst erfahren, oder dadurch, dass wir Zeuge des Leids eines anderen werden. Unser Mitgefühl öffnet das Tor zum Herzen, sodass die Sehnsucht sich entfalten kann. Das setzt natürlich voraus, dass wir das Mitgefühl in uns auch zulassen. Oftmals jedoch neigen wir dazu, die Augen zu verschließen.

Die Zahl der Kinder beispielsweise, die weltweit jede Stunde den Hungertod sterben, ist immer noch erschreckend hoch. Wir hingegen leben in einem "Land der Verheißung", wie es den Israeliten im Alten Testament versprochen wurde: einem Land, in dem Milch und Honig fließen. Wir machen uns mehr Gedanken darüber, was wir alles nicht essen wollen. Viele von uns spenden Gelder. Vermutlich würden die meisten gern mehr gegen den Hunger in der Welt tun, wenn sie nur wüssten was. Da wir als Einzelpersonen keinen Einfluss auf die globale Verteilung wirtschaftlicher Ressourcen zu haben scheinen, handeln viele, als könne man dem Gefühl der Ohnmacht gegenüber diesem Thema nur durch Wegschauen entkommen. Doch auch in unserer Wohlstandsgesellschaft herrscht kein Mangel an Anlässen für ein Engagement der Nächstenliebe. Wir müssen nur die Augen öffnen und uns umschauen.

Während ich dies schreibe, herrscht Krieg in Syrien. Neben diesem Krieg werden derzeit weitere Konflikte weltweit gewaltsam ausgetragen. Auf den ersten Blick habe ich mit all diesen Auseinandersetzungen nichts zu tun. Ich bin friedliebend, habe die Kriege nicht gewollt und schon gar nicht angezettelt.

Nun kann ich mich im Kino des Lebens in den Sessel setzen, auf die Leinwand zeigen und rufen: "Was für ein schlechter Film." Ich bin frei von Schuld und hilflos.

Ich kann aber auch annehmen, dass ich nicht nur im Kinosessel sitze, sondern selbst in dem Film auf der Leinwand mitspiele. Der Film handelt von Geschehnissen zu dieser Zeit auf diesem Planeten. Und ich lebe zu dieser Zeit auf diesem Planeten. Ich habe eine Rolle in dem Film, eine kleine Nebenrolle nur, aber immerhin. Ich kann mich nicht drücken. Ich nehme teil an den Geschehnissen und habe damit auch meinen Anteil an ihren Ursachen und Folgen. Mit dieser Annahme übernehme ich einen Teil der Verantwortung. Doch damit verbunden erhalte ich einen Teil der Macht zurück. Wenn ich selbst in dem Film mitspiele, kann ich auch die Handlung verändern.

Ich kann mich fragen, was ich persönlich mit den kriegerischen Auseinandersetzungen zu tun habe, in welchen Bereichen meines Lebens ich kriegerisch denke, fühle, handle.

Ich kann Frieden schließen mit einem Menschen, mit dem ich zurzeit noch Streit habe.

Ich kann Frieden schließen mit einer Situation, die ich bislang noch nicht akzeptiere.

Ich kann Frieden schließen mit einem Ereignis, das ich noch nicht überwunden habe.

Ich kann Frieden mit mir selbst schließen.

"Du musst die Veränderung sein, die du in der Welt sehen möchtest", sagte Gandhi.

Wir sind nicht schuld an den Kriegen, die in der Welt entstanden sind, aber wir können hier und jetzt Antworten geben, die zukünftige Kriege verhindern helfen. Wir sind nicht schuld an den Atomkatastrophen der Vergangenheit. Aber wir können hier und jetzt Antworten geben, die zukünftige Katastrophen verhindern helfen. Wir sind nicht schuld daran, dass Menschen in anderen Teilen der Welt verhungern. Aber wir können hier und jetzt Antworten geben, die zukünftiges Leid verhindern. Antworten, die für uns selbst stimmig sind, Antworten, an die wir glauben!

Mangelnder Glaube blockiert unseren Willen ebenso wie Bedingungen, die wir stellen. Bedingungen beruhen auf „Wenn erst...dann" Formulierungen: Wenn erst die Kinder aus dem Haus sind, wenn etwas mehr Ruhe eingetreten ist, wenn wir mal mehr Zeit haben und so weiter und so fort. Uns allen steht ein unendlicher Pool von Ausreden zur Verfügung. Ein großgläubiger Mensch, der es ernst meint, setzt sich über die blockierenden Umstände hinweg und macht es trotzdem. Er tut es „ohne Wenn und Aber".

Im Treppenhaus meines Seminarhotels in Schillig an der Nordsee befinden sich an den Wänden jeder Etage Inspirationen. Die erste, passend zur obigen Aussage, lautet:

„Wer nicht will, findet Gründe. Wer will, findet Wege."

Zwei weitere „Treppenhausinspirationen" lauten:

„Du kannst rumsitzen und davon träumen. Oder du kannst rausgehen und es wahr werden lassen."

Und:

„Einen Vorsprung hat, wer dort anpackt, wo andere erst mal reden."

Wer bist du?

Ein Gründe- oder Wege-Finder?

Ein Rumsitzer und Träumer oder ein „Rausgeher" und „Wahrwerdenlasser"?

Ein Anpacker oder ein (Drumherum-)Redner?

Eine weitere lautet: „Die Entfernung zwischen deinen Träumen und der Realität nennt man Disziplin."

Mach jeden Tag eins:

Tätige einen Anruf, schreibe eine Mail, absolviere einen Termin, was auch immer, aber mach jeden Tag eins für deine Sache.

Das ist meines Erachtens ein guter Ratschlag sowohl für diejenigen, die schwer aus dem Quark kommen, als auch für die, die dazu neigen, sich mit zu langen To-do-Listen zu überfordern.

Wir müssen dranbleiben, dürfen nicht bei dem kleinsten Widerstand aufgeben. „Ich bin einmal mehr aufgestanden als hingefallen.", sagte einmal ein Seminarteilnehmer.

Und die, an dieser Stelle letzte, Treppenhausinspiration im Upstalsboom Hotel am Strand von Schillig befindet sich im Erdgeschoss. Sie ist sinnbildlich das Fundament:

„Das beste Projekt, an dem du jemals arbeiten wirst, bist Du!"

Und dieses Projekt ist untrennbar mit unserem Lebensauftrag verbunden. Durch dessen Erfüllung entfalten wir uns selbst. Lebenssinn ist immer die eigene, persönliche Entwicklung. Lebensaufgabe, damit verbunden, ist immer der Dienst am Nächsten.

Die Kompetenzen der Verantwortung auf einen Blick:

Sinnfindung – die Erkenntnis der Lebensaufgabe

Entscheidung – der Entschluss, sich dieser Aufgabe zu widmen

Durchsetzung – der Mut, dabei mögliche Widerstände zu überwinden

Glaube – das Vertrauen darauf, dass es uns gelingt

Dem hinzuzufügen ist die Bereitschaft zur Vergebung. Vergebung ist die Klärung der Vergangenheit. Diese Kompetenz brauchen wir, um uns immer wieder neu und unbelastet für die Zukunft auszurichten. Viele hadern dauerhaft mit den emotionalen Verletzungen, die sie in ihrem Leben erfahren mussten. Dieses dauerhafte Hadern hindert sie daran, in ihrem Leben voranzuschreiten und sich den Aufgaben zu widmen, für die sie bestimmt sind. Jemand sagte einmal: Wir sollten immer mehr nach vorne als nach hinten schauen. Die Frontscheibe sei größer als der Rückspiegel. Das bedeutet nicht, dass wir gar nicht mehr nach hinten blicken. Auch beim Autofahren ist der Blick in den Rückspiegel ab und an wichtig. Wir sollten uns selbst und unsere Erfahrungen regelmäßig reflektieren und Konsequenzen ziehen.

Vergebung bedeutet nicht, alle Erfahrungen gut zu heißen, es bedeutet vielmehr, Frieden mit ihnen zu schließen: „Ich bin nicht damit einverstanden, wie es war. Aber ich akzeptiere, dass es war. Auch diese Erfahrung gehörte zu meinem Leben dazu und hat mich zu dem Menschen gemacht, der ich jetzt bin."

Gewöhnlich assoziieren wir den Begriff „Vergebung" immer nur mit negativen bzw. unangenehmen Erfahrungen, die es zu vergeben gilt. Dabei können wir auch die schönen Erlebnisse vergeben im Sinne von „abgeben" bzw." loslassen".

Diese Zeilen schreibe ich am 30. Dezember 2018. Gerade eben habe ich meinen Facebook Followern die folgende Übung ans Herz gelegt:

„Verabschiede das vergangene Jahr würdig. Schließe deine Augen, forme es zu einem Stern und sende diesen an den Himmel. So wird das Licht des Schönen und Guten, das du dieses Jahr erfahren durftest, weiter auf dich herableuchten.“

Oder mache diese Übung zum Abschluss jeden Monats, jeder Woche, jeden Tages. Am Himmel ist Platz für unendlich viele Sterne. Wenn du bei sternenklarer Nacht in den Himmel schaust, dann mach dir (im wahrsten Sinne des Wortes) klar:

Jedes Licht dort oben leuchtet für dich.

Jedes Licht dort oben begleitet und beschützt dich.

Jedes Licht dort oben ist auf deiner Seite.

Wenn Du Dir das klarmachst: Was könnte dir dann noch passieren?

Manchmal glaubst du, du müsstest gegen das Leben ankämpfen.

Manchmal glaubst du, das Leben wäre gegen dich.

Doch nun sieh: Du selbst bist Teil des Lebens. Du bist das Leben selbst. Du darfst vertrauen.

Das Leben und du, ihr seid immer in der Überzahl.

Manchmal glaubst du, dir die Liebe verdienen zu müssen.

Manchmal glaubst du, ungeliebt zu sein.

Doch nun sieh: Du selbst bist Teil der Liebe. Du bist die Liebe selbst. Du darfst vertrauen.

Die Liebe und du, ihr seid immer in der Überzahl.

So sei es. Die Kompetenzen der Verantwortung

Manchmal glaubst du, allein gegen die ganze Welt zu sein.

Manchmal glaubst du, einsam und verlassen zu sein.

Doch nun sieh: Die Sterne am Himmel behüten dich. Du darfst vertrauen.

Das Leben, die Liebe und du, ihr seid immer in der Überzahl.

Du hattest keinen Körper und wurdest geboren.

Du warst ein Kind und wurdest erwachsen.

Du warst klein und wurdest groß. Du darfst vertrauen.

Das Leben, die Liebe und du, ihr seid immer in der Überzahl.

Du warst krank und wurdest gesund.

Du warst schwach und wurdest stark.

Du schliefst ein und wurdest wach. Du darfst vertrauen.

Das Leben, die Liebe und du, ihr seid immer in der Überzahl.

Dir war kalt, und du wurdest gewärmt.

Du warst hungrig und wurdest satt.

Du warst wehrlos und bekamst Schutz. Du darfst vertrauen.

Das Leben, die Liebe und du, ihr seid immer in der Überzahl.

Du warst traurig und bekamst Trost.

Du hast geweint und wieder gelacht.

Du lagst am Boden und hast wieder getanzt. Du darfst vertrauen.

Das Leben, die Liebe und du, ihr seid immer in der Überzahl.

Deine Vergangenheit wurde zur Gegenwart.

Deine Gegenwart wird zur Zukunft.

Deine Nacht wird zum Tag. Du darfst vertrauen.

Das Leben, die Liebe und du, Ihr seid immer in der Überzahl.

Glaubenssätze, Werterfüllung
und andere Wirksamkeiten

„Das Leben, die Liebe und du, Ihr seid immer in der Überzahl" ist meine Übersetzung des Psalm 23, der mit den Worten beginnt „Der Herr ist mein Hirte, mir wird nichts mangeln." Der stärkste Satz in diesem Psalm lautet für mich:

„Gutes und Barmherzigkeit werden mir folgen mein Leben lang, und ich werde bleiben im Hause des Herrn immerdar."

Ein Mensch, der diesen Glauben in seinem Herzen trägt, ist besser dran als ein Mensch, der sich ständig von Unheil verfolgt sieht und sicher ist, für alle Zeit von allen guten Mächten im Stich gelassen zu werden.

Es gibt befreiende und einschränkende Glaubenssätze. Befreiende Glaubenssätze sind:

"Ich will ..."
„Ich kann ..."
"Ich darf ..."

Das Wort dahinter spielt keine Rolle. Ich darf alles wollen, ich darf alles können, und ich darf alles dürfen. Was auch immer. Ich unterliege keinen Einschränkungen, bin lebendig und beweglich. Ich kann mich in alle Richtungen entwickeln und erlaube mir, mich zu verändern.

Einschränkende Glaubenssätze sind:

"Ich kann nicht ..."

"Ich darf nicht ..."

"Ich muss ..."

Sie sind die Waffen in meinem Kampf gegen mich selbst. Mit "Ich kann nicht ..." kämpfe ich gegen meine Kreativität. Mit "Ich darf nicht ..." kämpfe ich gegen meine Freude, und mit "Ich muss ..." kämpfe ich für das, was ich gar nicht will.

Einschränkende Glaubenssätze sind begrenzte Vorstellungen über das, was möglich ist. Jemand formulierte es mal so: "Alle sagten: Das geht so nicht! Dann kam einer, der das nicht wusste und tat es." Man verstehe mich nicht falsch: Ich behaupte nicht, dass alles möglich sei, sofern man nur fest genug dran glaubte. Wer diese Meinung vertritt, möge einmal versuchen, ein Streichholz an einem Stück Seife anzuzünden. Aber vieles, was wirklich möglich ist, wird durch mangelnden Glauben an Machbarkeit verhindert.

Wenn jede Idee mit einem "Ich-kann-nicht"-Glaubenssatz blockiert worden wäre, hätte sich die Menschheit nicht weiterentwickelt. So haben Menschen die Flugmaschinen erfunden, weil sie von dem Drang beseelt waren, fliegen zu können. Hätten sie wie jeder andere vernünftige Mensch auch die Worte "Ich kann nicht fliegen" für eine Tatsache gehalten, müssten wir für unsere jährliche Dalmanuta-Lehrer-Reise nach Israel mehrere Tage mehr einplanen.

Einschränkende Gesetze basieren auf Ge- und Verboten. Sie schränken uns ein. Sie gebieten das Eine und verbieten das Gegenteil.

Befreiende Gesetze basieren auf Erlaubnissen. Sie gestatten uns das eine sowie das andere. Manche Gesetze gelten für uns ein Leben lang, andere wiederum werden verändert oder ausgetauscht. Selbst wenn wir uns die absolute Freiheit verordneten, wäre das ein Gesetz. Auch Anarchie ist eine Einstellung. In diesem Sinne gibt es keinen gesetzesfreien Raum. Immer nehmen wir bewusst oder unbewusst Stellung zu den Themen unseres Lebens.

Glaubenssätze beeinflussen unser Denken und Handeln. Unsere Gedanken und Handlungen wiederum sind verantwortlich für unsere Erfahrungen. Somit erschaffen unsere Glaubenssätze die Realität. Glaubenssätze, die uns selbst betreffen, haben Auswirkung auf unsere persönliche Realität. Glaubenssätze, die eine Gruppe betreffen, haben Auswirkung auf das Erleben der Gruppe. Das gilt für die Gruppe eines Kegelklubs oder Fußballvereins ebenso wie für die "Gruppe" einer Nation oder Religion. Je mehr Menschen die gleichen Glaubenssätze haben, desto stärker ist deren Auswirkung auf das äußere Geschehen.

Die meisten Glaubenssätze entwickeln wir in der Kindheit. „Was glaubst du eigentlich, wer du bist?", „Gib nicht so an!", „Stell dich nicht immer in den Mittelpunkt!" So und ähnlich lauten die auf diese Weise prägenden Belehrungen. Einige Sprichwörter raten dazu, das eigene Licht lieber unter den Scheffel als auf den Leuchter zu stellen. „Wer hoch hinaus will, kann tief fallen" oder „Lieber den Spatz in der Hand als die Taube auf dem Dach" sind die einschlägigen Phrasen. Ich hörte von einer jungen Frau, die ihrem Vater stolz von ihrer Bewerbung an der Schauspielschule berichtete: „Auf dich haben die gerade gewartet", antwortete der Vater.

Manche ungeliebten Kinder werden später zu ungeliebten Erwachsenen. Ihr Denken und Handeln ist bestimmt von dem Wunsch, gegenüber anderen nicht benachteiligt zu werden. Die Gefühle der Kindheit haben in ihnen den Glaubenssatz geprägt: "Wenn ich auf mich nicht genügend aufmerksam mache, werden nur andere berücksichtigt." So führen sie im Alltag einen unbewussten Kampf um die besten Plätze im Zug, im Restaurant, im Beruf und so weiter. Sie haben Angst, so wie früher in der Kindheit, zu kurz zu kommen. Sie entwickeln deshalb Strategien, um zu erhalten, was ihnen vermeintlich zusteht. Letztendlich aber bewirken genau diese Strategien eine ständige Fortsetzung der Kindheitserfahrung. Ihr Verhalten wird von den anderen als störend oder egoistisch empfunden. Das innere Programm, das vor einem Mangel an Liebe schützen soll, schützt sie weiterhin nur vor der Liebe selbst. Manche ungeliebten Kinder kommen später mit dem Gesetz in Konflikt. Ich habe nur wenige Straftäter kennen gelernt, die eine rosige Kindheit hatten. Es erfüllt mich mit Freude, dass unsere Dalmanuta-Arbeit mittlerweile auch bei diesen Menschen angekommen ist. Darüber an anderer Stelle mehr.

Nun haben nicht alle Menschen eine schlechte Kindheit. Aber alle haben Glaubenssätze. Man kann kein Kind großziehen, ohne ihm Glaubenssätze einzuprägen. Die Eltern meinen es gut. Sie wollen ihre Kinder vor Unheil bewahren. Jedoch ist vielen Eltern der Unterschied zwischen einschränkenden und befreienden Glaubenssätzen nicht bewusst. Und oft ahnen sie nicht, welche Folgen ihre Pädagogik hat. Ein Beispiel: Ein kleiner Junge, nennen wir ihn Udo, kommt nach

Hause. Er hat in der Schule ein tolles Bild gemalt und zeigt es nun voller Stolz seiner Mutter. Neben ihm steht der kleine schüchterne Harry und lutscht an seinem Daumen. Udo ist begeistert von seinem Bild. Seines Erachtens ist es das tollste Bild, das je gemalt wurde.

Die Mutter freut sich, hat aber ein wenig Mitleid mit dem kleinen daumenlutschenden Harry, der ohne Bild vor ihr steht. Deshalb sagt sie ihrem Udo, er solle nicht so angeben. Es sei sehr wohl ein schönes Bild, aber schließlich könne Harry auch schön malen.

Die Mutter will ihren Sohn loben und Harry nicht verletzen. Sie geht wie selbstverständlich davon aus, dass Harry todunglücklich ist, weil er kein Bild vorweisen kann. Dabei hat sie gar nicht gemerkt, dass dem kleinen Harry Malerei schnurzpiepegal ist. (Im Seminar benutze ich die Formulierung: "am Arsch vorbeigeht". Kann man aber in einem Buch nicht schreiben, meint mein Lektor. Also tue ich es auch nicht ...) Auf jeden Fall: Harry findet Malen doof. Er hat mehr Interesse an Musik. Immer dann, wenn er gerade die Daumen lutscht, komponiert er in Gedanken die schönsten Sinfonien aller Zeiten.

Der Glaubenssatz, den Udo sich nun einprägen könnte, lautet: "Ich muss aufpassen, dass keiner neidisch wird. Je stärker ich mein Licht leuchten lasse, desto mehr stehen all die kleinen Harrys im Schatten. Ich muss mich davor hüten, meine Fähigkeiten auszuschöpfen. Mit meiner Kreativität kann ich andere verletzen. Ich muss mich also zurücknehmen."

Das kann dazu führen, dass Udo Angst vor seiner eigenen Schaffenskraft bekommt und sich nicht mehr traut, die schönsten Bilder zu malen, die die Menschheit je gesehen hat. Udo lernt, in den Köpfen der anderen zu leben. Er wird sich auch später als Erwachsener fragen, was die anderen über ihn und sein Verhalten denken. Er lernt, dass man im Leben die Frage stellen muss: „Was wollen die anderen, wie ich denken soll, wie ich sprechen soll, wie ich handeln soll?" Er wird sich nicht zu hundert Prozent leben, weil er zu dreißig Prozent in den Köpfen seiner Mitmenschen herumturnt. Zum Schluss wird auch er sagen: "Mein Leben hat allen gefallen, nur ich fand's Scheiße ..."

„Das was du bist, das werde" lautet die Botschaft der Werterfüllung. Die Raupe wird zum Schmetterling. Der Same wird zum Baum. Der kleine süße Welpe zum sabbernden Rottweiler und so weiter. Alles, was ist, strebt nach Werterfüllung. Und dieser Wert ist erst bei 100 Prozent erfüllt!

Mach die folgende Übung mit lauter Musik. Nimm ein kraftvolles Stück, das dir gefällt.

Setz dich dazu hin und schließ deine Augen.
Mache dir einen oder mehrere deiner einschränkenden Glaubenssätze bewusst.

Frage dich:
Wie würde der bzw. die befreienden Glaubenssätze dazu lauten?

Lege dann eine Hand auf den Solarplexus und die andere auf den Bauch.

Stell dir nun vor,
wie aus deinen Händen die Energie der Umkehr in dich einfließt.

Die Energie und die Schwingung der Musik werden dir nun helfen,
deine einschränkenden Glaubenssätze in befreiende zu verwandeln.

Aus
„Ich kann nicht! Ich darf nicht! Ich muss!"
wird
„Ich will! Ich kann! Ich darf!"

Hinter allem steckt eine Idee, eine geistige Kraft, die sich manifestieren will. Jede Erfindung war zuerst eine Idee im Kopf (und manchmal auch im Herzen) eines Menschen. Auch wir selbst sind eine Idee des Göttlichen, eine Idee, die nach Werterfüllung strebt – zu hundert Prozent! Unsere eigene Werterfüllung ist gleichsam der göttliche Auftrag, den wir gemäß unseren Fähigkeiten, Talenten und Möglichkeiten hier auf der Erde zu erfüllen haben. Wir dürfen uns gestatten, ein „Highlight" des Lebens und der Liebe zu sein.

So wie sich viele Pflanzen immer nach der Sonne ausrichten, strebt etwas in uns immer nach dem Licht der Werterfüllung. Manche aber folgen diesem inneren Drang nicht, weil sie entweder ihre Fähigkeiten und Talente nicht kennen oder aber glauben, diese nicht ausleben zu können beziehungsweise nicht ausleben zu dürfen. Solche Menschen leben in ständiger innerer Zerrissenheit, weil ein Teil in ihnen sich verzweifelt bemüht, der Richtung des Lichts zu folgen, während ein anderer Teil sich weigert.

Auch die Orientierung an „guten Vorbildern" kann dazu führen, dass sich jemand lediglich mit der eigenen Unzulänglichkeit konfrontiert sieht, weil er die Strahlkraft der idealen Lichtgestalt vermeintlich nie erreichen kann. Wir sollten uns lieber auf das eigene Potenzial besinnen, statt uns mit anderen zu vergleichen.

Der kanadische Psychologe Jordan Peterson hat in seinem Buch „12 Rules for life" Regeln formuliert, von denen ich die folgenden acht beherzigenswert finde. Vor allem die letzte ...

1. Achte auf deine Körperhaltung.

2. Behandle dich so, als wärest du ein (anderer) Mensch, für den du verantwortlich bist.

3. Umgib dich mit Freunden, die dein Bestes wollen.

4. Vergleich dich mit dir aus deiner Vergangenheit, nie mit anderen in der Gegenwart.

5. Folge dem, was für dich Bedeutung hat.

6. Nenn die Dinge beim Namen.

7. Ordne dein eigenes Leben, bevor du die Welt kritisierst.

8. Wenn dir eine Katze begegnet, streichle sie.

Schauen wir uns diese Tipps mal näher an:

„Achte auf deine Körperhaltung"

Nach dem Gewinn der Weltmeisterschaft 2014 hatte Jogi Löw, der Trainer der deutschen Fußballnationalmannschaft, eine andere Körperhaltung als nach dem blamablen Ausscheiden in der Vorrunde bei der WM 2018. Die äußere Haltung entspricht der inneren Haltung und umgekehrt. Viele Meditationstraditionen legen Wert auf Haltung. Yoga, Zazen, Thai Chi, Qi Gong und andere Traditionen lehren die bewusste Wahrnehmung des Körpers, da auf diese Weise die innere Einstellung beeinflusst werden kann. Also: Rücken gerade, Gang aufrecht, Kopf nach oben!

Im Himalaja gibt es Hängebrücken, die zwei Bergkuppeln miteinander verbinden. Man geht über einen verdammt hohen Abgrund von der einen Seite auf die andere. Das Schlimmste was man dabei machen kann, ist nach unten zu schauen. Der Blick muss beim Überqueren immer nach vorne und ein wenig nach oben gerichtet sein. So ist es auch im Leben.

Ich neige manchmal dazu, mir Schreckensszenarien auszumalen, was alles Schlechtes in meinem Leben passieren könnte. Eine alte Polizistenkrankheit ist, immer vom Schlimmsten auszugehen. In Kriminalfilmen bzw. -serien kann man sehen, worin sich der gute Ermittler vom schlechten Ermittler unterscheidet: Der schlechte Ermittler vermutet bei dem Verschwinden eines jungen Mädchens, dass es mit einem lieben Freund durchgebrannt ist. Der gute Ermittler macht sich sofort auf die Suche nach dem bösen Entführer. Beim späteren Auffinden der Leiche geht der schlechte Ermittler von einem Unfall oder Selbstmord aus, der gute Ermittler wittert sofort den Serienmörder.

(Ich war ein verdammt guter Ermittler ...)

„Behandle dich so, als wärest du ein (anderer) Mensch, für den du verantwortlich bist"

Es gibt Menschen, bei denen wir das Gefühl haben, sie wären uns anvertraut. Wir spüren den Wunsch, auf sie zu achten. Wir möchten, dass es ihnen gut geht und sind bereit, dafür etwas zu tun. Mit uns selbst sind wir oftmals nicht so achtsam. Daher finde ich den Tipp des Kanadiers, die Sichtweise einmal auf diese Weise zu verändern, sehr gut. Ich verstehe ihn jedoch nicht als Aufforderung zur ständigen Sanftheit. Einem Menschen, für den wir uns verantwortlich fühlen, werden wir nicht raten, sein ganzes Leben in einem Fernsehsessel zu verbringen. Manchmal braucht sowohl der andere als auch wir selbst mal einen kleinen, sanften Tritt von hinten ...

Das ist die Verbindung zu dem dritten Ratschlag:

„Umgib dich mit Freunden, die dein Bestes wollen"

Das Beste, was wir haben, ist unser kreatives Potential. Menschen also, die das Beste für uns wollen, motivieren uns auch, unser Bestes zu geben. Sie legen uns keine Steine in den Weg, sondern akzeptieren unsere Entscheidungen. Sie helfen uns, unseren Auftrag zu erfüllen und uns persönlich weiter zu entfalten. Sie weisen uns darauf hin, was wir schon alles geschafft haben in unserem Leben und bestärken uns in dem Glauben, dass wir auch die zukünftigen Herausforderungen meistern werden.

Wenn du magst, frage dich an dieser Stelle des Buches einmal:

„Welcher Mensch in meinem Leben sagt mir,
dass ich geliebt bin, wenn ich mich lieblos fühle?

Welcher Mensch in meinem Leben sagt mir,
dass ich stark bin, wenn ich mich schwach fühle?

Welcher Mensch in meinem Leben sagt mir,
dass ich es schaffen werde, wenn ich befürchte zu scheitern?"

„Vergleich dich mit dir aus deiner Vergangenheit, nie mit anderen in der Gegenwart"

Da wir keine Abziehbilder sein wollen, brauchen wir auch keine Vorbilder. Wir sind alle Originale, keine Kopien! Jeder von uns folgt seiner eigenen Bedeutung, wie der nächste Rat auf der Liste lautet.

Dazu gehört, diese Bedeutung auch zu formulieren:

„Nenn die Dinge beim Namen."

Wir sollten klar sagen, was wir wollen und was uns auf dem Herzen liegt. Eiere nicht rum, sondern sage „Ja" falls du „Ja" meinst und sage „Nein" falls du „Nein" meinst. Die Verbannung der Begriffe „Eigentlich" und Vielleicht" sowie des Konjunktivs aus unserem Wortschatz („Eigentlich müsste ich ... Vielleicht könnte ich ...)" kann den vorletzten Rat in der Liste unterstützen: „Ordne dein eigenes Leben bevor du die Welt kritisierst."

„Ordne dein eigenes Leben."

„Wie im Innen so im Außen", lautet eine (Binsen-) Weisheit. Unordnung im seelischen Bereich zeigt sich manchmal durch Chaos im Außen: Chaos auf der Arbeit, Chaos in der Partnerschaft und so weiter. Jeder auf seinem Spezialgebiet....

Ordnung im Außen schaffen Worte und Taten. Rezepte für die Wiederherstellung der seelischen Ordnung sind Katzen, die man streicheln kann und tägliche Meditation. Die ersten Minuten des Tages verbringe ich bewusst mit dem wichtigsten Menschen in meinem Leben: Ich setze mich „zu mir selbst" hin und schenke meinen Gedanken und Gefühlen die Aufmerksamkeit, die sie verdient haben. Ich zentriere mich und richte mich zugleich auf die kommenden Ereignisse des Tages aus. Ohne mich läuft in meinem Leben nichts. Auch den anderen nutzt es nichts, wenn es mir selbst nicht gut geht. Welche Übung man praktiziert, spielt keine Rolle. Alle Meditationsformen sind gleichwertig. Jedoch empfehle ich, sich für eine Übung zu entscheiden und diese jeden Tag diszipliniert durchzuführen. Zum Beispiel die Pyramidenübung.

Setz dich hin und schließ die Augen. Richte deinen Rücken gerade und öffne deine Hände.

Lege beide Daumen aneinander.
Verbinde dich mit deinem Alltag. Richte deinen Blick auf die Situationen, die zurzeit dein Leben ausmachen. Und dann lass das Gefühl der Akzeptanz in dir entstehen.
Sage innerlich „Ja" zu deinem Leben.

Dann legst du auch die Zeigefinger aneinander. Beide Daumen und Zeigefinger berühren sich. Richte deinen Blick auf das Gute und Schöne in deinem Leben. Schau auf das, was du liebst und was dich erfreut. Lass die Dankbarkeit in dir entstehen.

Sage innerlich „Danke!"

Füge danach die beiden Mittelfinger hinzu. Daumen, Zeige- und Mittelfinger berühren sich. Lass an dieser Stelle alle Gedanken los, die noch da sind.

Mach deinen Kopf leer.

Anschließend kommen die Ringfinger hinzu: Daumen, Zeige-, Mittel- und Ringfinger berühren sich. Erst wenn der Kopf leer ist, kann das Herz voll werden.

Fülle nun dein Herz mit Mitgefühl.

Wenn sich als letzte Position die kleinen Finger ebenso berühren, bilden deine Hände die Form einer Pyramide. Stell dir zwischen den Handflächen das Licht des Vertrauens vor. Führe dann die Hände an dein Herz.

Lasse das Licht des Vertrauens in dich einfließen.

Wenn du soweit bist, öffne deine Augen, steh auf und lebe dein Leben!

In jedem Menschen brennt das Feuer des Lebens. Manchmal sind wir wie eine Kerze, die geschützt in einem Glas steht. Die Flamme leuchtet beständig und gleichmäßig, nichts bringt uns aus der Ruhe.

Wir strahlen Gelassenheit und Leichtigkeit aus. Andere Male wiederum brennen wir leidenschaftlich, wie ein Feuer im Wind. Beides gehört zusammen, so wie der Wechsel zwischen Einatmen und Ausatmen. Die Kunst besteht darin, die Ernsthaftigkeit der Leidenschaft und die Willensstärke der Entschlossenheit mit dem Spielerischen zu verbinden. Leichtigkeit bedeutet, das Leben leicht zu nehmen. Es bedeutet nicht, sich das Leben leicht zu machen, in dem man vor seinen Problemen wegläuft. Leichtigkeit ist keine „Hallodri"-Einstellung, bei der man alles auf die leichte Schulter nimmt. Leichtigkeit bedeutet vielmehr, dem eigenen Leben gegenüber keinen Widerstand zu leisten. Wir verwenden also keine Kraft darauf, die Herausforderungen unseres nach Werterfüllung strebenden Lebens zu vermeiden oder gegen sie anzukämpfen.

Seth, eine geistige Wesenheit, die sich durch Jane Roberts offenbarte, sprach von der „magischen Einstellung". Die magische Einstellung beruht auf der Erkenntnis, dass die äußere, materielle Welt mit der inneren Welt des Bewusstseins verwoben ist. So wie alles Irdische strebt auch das Geistige unaufhaltsam nach Werterfüllung. Die stetige Verwandlung der äußeren Welt, der Wechsel der Jahreszeiten, das Aufblühen und Verblühen der Natur und so fort entsprechen dem Fortstreben der inneren Welt. Der menschliche Intellekt ist selbst ein Produkt dieses Strebens nach Werterfüllung. So wenig, wie ein Bild seinen Maler zu erfassen vermag, kann der Verstand erkennen, wer oder was das Leben in Schwung gebracht hat. Manche Vorgänge mag er zwar beschreiben, er kann sie aber nicht erklären. Er wird den Wechsel der Meeresgezeiten beschreiben und statistische Erhebungen anstellen, er zieht auf der Grundlage seiner Beobachtungen Rückschlüsse auf bestimmte Zusammenhänge, aber er wird niemals die Frage nach der ersten Ursache, die alles in Gang brachte, beantworten können. Die Frage nach dem „Warum" wird für den Verstand immer ein Rätsel bleiben. Aus jeder wissenschaftlichen Erkenntnis ergeben sich mindestens zwei weitere Fragen.

Seth empfiehlt, sich immer wieder die Mühelosigkeit zu vergegenwärtigen, in der sich das Leben entfaltet und verändert. Wir tragen oft schwer an sorgenvollen Gedanken, der Denkprozess als solcher jedoch vollzieht sich dabei mühelos. Die Kraft, die für den Schwung der Gedanken sorgt, ist unabhängig von ihrem Inhalt.

Eine gute Übung besteht darin, den Inhalt der Gedanken beiseitezuschieben und sich mit der Kraft zu verbinden, die das Denken selbst verursacht. Die magische Einstellung beruht mehr auf Intuition als auf intellektuellen Konzepten. Unser Intellekt kann zwar erkennen, ob das Ergebnis einer Rechenaufgabe stimmt, er kann logische Zusammenhänge und Widersprüche ausmachen. Er wird aber nicht fühlen, was für uns stimmig ist und was nicht. In dieser Frage sind Herz und Bauch kompetenter.

Wenn wir schlafen, übernimmt unser (Unter-)Bewusstsein das Kommando über die Themen, die uns beschäftigen. In unseren Träumen schafft es Ordnung in das Chaos, das der Verstand im Wachzustand hinterlassen hat. Der Ratio ist diese Ordnung fremd, sie vermisst Strukturen, Kriterien und Strategien. Das Bewusstsein kommt ohne aus.

Das Leben wird auch leichter, sobald man zulassen kann, dass

Fragen offenbleiben. Es gibt Zeitgenossen, die werden wahnsinnig, wenn sie nicht alles verstehen, alles erklären können. Kontrollfreaks müssen alles und jeden im Griff haben. Sie brauchen Regeln und Richtlinien, an denen sie sich orientieren können. Alles muss begründet sein. Ich kenne mich da aus, Kontrolle war lange Jahre meine Spezialdisziplin. Nicht umsonst habe ich den Beruf des Polizisten gewählt. Doch durch Kontrolle wird das Leben eng. Ich muss alles auf das kontrollierbare Maß einschränken und überschaubar halten. Schließlich kann ich nicht überall sein.

Lebensfreude braucht Luft zum Atmen. Je enger unsere Grenzen sind, desto weniger kann sich unsere Lebensfreude entfalten. Wir müssen also offen sein. Offenheit ist die Akzeptanz, dass wir nicht alles kontrollieren, alles verstehen, alles erklären können. Lebensfreude beruht nicht zuletzt auf Neugierde. Wer für sich alle Fragen beantwortet hat, verliert die Freude am Leben. Wissen hält vom Fühlen ab. Auch im spirituellen Bereich streben viele nach Wissen. Sie wollen Erkenntnis und sehen nicht, dass zu viel Erkenntnis von der lebendigen Wahrheit wegführt.

Insbesondere Dogmatiker haben es schwer. Sie müssen nicht nur gegen widersprechende Meinungen anderer, sondern auch noch gegen eigene Gedanken angehen, die ihrem Dogma widersprechen. Denn das Dilemma von vielen Gedanken ist, dass sie immer den Gegengedanken im Schlepptau haben. Gedanken der Hoffnung werden von Gedanken der Befürchtung begleitet; Gedanken des Vertrauens werden von Gedanken des Zweifels begleitet. Wer auch das akzeptieren kann, lebt leichter.

Professor Viktor E. Frankl war ein Wiener Neurologe und Psychiater, der aus einer jüdischen Beamtenfamilie stammte und mehrere Konzentrationslager überlebt hat, unter anderem Auschwitz. Seine Erfahrungen in den Lagern hat er in dem Buch „Trotzdem Ja zum Leben sagen" beschrieben. Darin sagt er, er habe in diesen Jahren gelernt, dass man am besten überleben kann, wenn man nicht bestrebt ist, sein Schicksal zu erzwingen. Er berichtet in dem Buch von Menschen, die in den Lagern versucht hatten, die für sie beste Möglichkeit zum Überleben zu sichern. Bei den Selektionen durch die Lagerwärter, die verschiedene Trupps von Häftlingen für Zwangsarbeiten zusammenstellten, hatten viele Häftlinge probiert, sich in den vermeintlich „besseren" Trupp zu schmuggeln. Oft jedoch hatte sich die vermeintlich günstigere Wahl später als die schlechtere Alternative herausgestellt. Viele dieser Häftlinge seien nicht mehr lebend zurückgekehrt. Er hingegen habe sich immer den Entscheidungen der Aufseher hingegeben in der Hoffnung, es habe schon irgendeinen Sinn, dass es nun so kommt, wie es kommt.

In dem Buch erzählt Frankl das Märchen vom Gevatter Tod, den der Diener eines reichen und mächtigen Persers durch den Garten schlendern sieht. Der Diener erschreckt sich beim Anblick des ungebetenen Gastes und bittet seinen Herrn um das schnellste Pferd, mit dem er eilends nach Teheran flüchten könne. Der Herr gewährt ihm seine Bitte, und der Diener galoppiert davon, um noch des Abends am Ziel anzukommen.

Auf dem Rückweg zum Haus trifft der Herr selbst auf den Tod und stellt ihn zur Rede: „Warum hast du meinen Diener so erschreckt, warum hast du ihm gedroht?"

Darauf antwortet der Tod: „Ich habe ihm doch nicht gedroht! Ich wollte ihn auch gar nicht erschrecken. Ich habe wohl nur erstaunt getan, weil ich überrascht war, ihn noch hier zu sehen, wo ich ihn doch heute abends in Teheran treffen soll!"

Das Schicksal anzunehmen hat nichts damit zu tun, sich seinem Schicksal zu ergeben. Das eine ist Kapitulation, das andere Resignation. Beides ist nicht dasselbe. Die Annahme lässt uns innerhalb des Schicksals Handlungsfreiheit. In der Resignation geben wir alles Handeln auf. Die weiße Fahne der Kapitulation ist die einzige Waffe, die in der Lage ist, den Frieden zu schaffen. Alle anderen Waffen verlängern den Krieg. Kapitulation ist die Annahme des Schicksals, die zur Veränderung führt. Kapitulation ist die Veränderung von Krieg zu Frieden. Resignation ist keine Veränderung, sondern ein Verharren in der Situation. Der Resignierende glaubt im Gegensatz zum Kapitulierenden nicht an eine Zeit des Friedens, die dem Krieg folgt. Der Resignierende ergibt sich vielmehr dem Krieg. Resignation ist Passivität, Kapitulation hingegen eine aktive Handlung. Die Kapitulation eröffnet neue Perspektiven. Die Resignation glaubt nicht mehr an bessere Aussichten, sie hat keine Hoffnung mehr.

„Geh mit einer neuen Herangehensweise in deine Zukunft", lautete die Botschaft für mich während unseres Dalmanuta-Lehrerseminars in Israel: „Eine Herangehensweise, die nicht ergebnis-, sondern situationsorientiert ist."

Das Ergebnis steht immer am Ende. Was aber, wenn es kein Ende gibt? Schließlich gibt es keinen Stillstand, alles ist immer in Bewegung und Veränderung. Niemals in meinem Leben hat es einen Moment des absoluten Stillstands gegeben. Jeden Tag bewegte sich draußen die Luft, der Wind, die Wolken, das Wasser, das Licht. Immer kam nach dem Tag die Nacht und nach der Nacht kam wieder der Tag. Immer kam nach der Ebbe die Flut und nach der Flut die Ebbe. Und auch das Aufblühen und Verblühen der Erde vollzog sich im Wechsel der Jahreszeiten. Nach dem Winter kam der Frühling, dann der Sommer, der Herbst und wieder der Winter. Nichts von alledem war jemals ein „End" - Ergebnis. Wenn ich also mit dem Fluss des Lebens fließen will, darf ich nicht auf Ergebnisse fixiert sein. Solange ich das tue, strebe ich das Unmögliche an: Stillstand. Vielmehr sollte ich die Energie einer jeden Situation verwenden, um daraus die nächste Situation zu erschaffen. In jeder Situation steckt die Kraft der Gegenwart. Diese Kraft ist Schöpferkraft.

Auf diese Weise werde ich, was ich bin und schon immer war: Schöpfer und Schöpfung zugleich.

Die Vergangenheit ist die Zeit der Erinnerung.
Die Zukunft ist die Zeit der Hoffnung.
Die Gegenwart ist der Zeitpunkt des Handelns.

Die ewige Bewegung der lebendigen Schöpferkraft vollzieht sich immer im Rhythmus von Annäherung und Entfernung. Unser Atem nähert sich beim Einatmen dem Körper an und beim Ausatmen entfernt er sich von ihm. Bei Flut nähert sich das Wasser dem Ufer an, bei Einsetzen der Ebbe entfernt es sich wieder. Bei Tagesanbruch nähert sich das Licht, bei Sonnenuntergang entfernt es sich. Unsere Geburt ist die Annäherung der Seele in die Körperlichkeit, bei unserem Tod entfernt sich unsere Seele vom Körper. Und auch während unseres irdischen Lebens unterliegt alles diesem Rhythmus. Wir werden als Kinder geboren und werden erwachsen. In diesem Sinne entfernen wir uns von unserer Kindheit, im Alter nähern wir uns ihr wieder an. Alte Menschen erinnern sich verstärkt an Einzelheiten aus der Kindheit und manche alte Menschen werden auch wieder wie die Kinder. Auch unsere Beziehungen zu anderen Menschen, unsere Liebespartnerschaften schwingen im Rhythmus von Ein- und Ausatmen, von Annähern und Entfernen. Wir verbinden uns, wir trennen uns.

Und immer geht es weiter ...

Der erste Band „vom Beginn und von der Liebe" endete inhaltlich in Jerusalem auf Golgatha, der Kreuzigungsstelle Jesu. Dort erhielt Daniela im Februar 2018 die Botschaft, die in dem Epilog des ersten Bandes beschrieben ist: „... Es gibt kleinen Anfang und kein Ende. Alle Enden der Erde sind vom Himmel der Liebe umhüllt und wir sind mittendrin."

Zwei Tage nach meiner Rückkehr aus Israel begann der Sterbeprozess meiner Mutter. An ihrem 82. Geburtstag erlitt sie in der Nacht einen schweren Schlaganfall, so dass sie ihr Bewusstsein nicht mehr erlangte. Ihr Geburtstag im irdischen Leben war zugleich der Geburtstag für das Leben auf der anderen Seite des Regenbogens. Besondere Menschen gehen an besonderen Tagen!

Wenige Wochen danach besuchte ich die katholische Kirche meiner Heimatgemeinde. Dort war anlässlich des Osterfestes ein Aufbau ausgestellt, der das leere Grab Jesu symbolisierte. „Was für ein starkes Symbol", dachte ich. Dieser Anblick tat mir gut, denn mir wurde in diesem Moment wieder bewusst, dass auch das Grab meiner Mutter im übertragenen Sinne leer war, weil die Seele eines Menschen nicht sterben kann.

Als die Zeit gekommen war,
sagte die Quelle zum Tropfen:
„Fließe hinaus in die Welt, lerne, helfe und habe Spaß dabei."

Stell dir einen kleinen Tropfen in einer großen schwarzen Regenwolke vor.
Er ist in der Wolke mit vielen anderen Tropfen,
aber dein Tropfen fühlt sich von all den anderen getrennt.

Er hat ein Ich, so wie all die anderen Tropfen auch.
Dein Tropfen ist unteilbar, er ist ein Individuum.
Er kann niemals zerstört werden, er kann sich nur verbinden.
Aber dein Tropfen in der Wolke weiß das nicht.
Er fühlt es zwar, ahnt es, aber ganz sicher ist er sich nicht.

Und nun erhältst du einen göttlichen Auftrag:
Die Begleitung und Führung des kleinen Tropfens,
der sich auf die Reise durch das Leben machen muss.

Er muss sich mit anderen Tropfen zu Regen verbinden,
er muss sich mit anderen Tropfen zu einem Bach verbinden,
er muss in einen Fluss einfließen,
und schließlich muss er hinaus in den Ozean.

Vor jeder dieser Veränderungen hat dein Tropfen Angst.
Er hat Angst, zu fließen, er hat Angst, sich zu verbinden, er hat Angst,
sich zu verändern.
Deine Aufgabe ist, dem kleinen Tropfen die Angst zu nehmen.
Du weißt, dass es seine Bestimmung ist, zu fließen und zu wachsen.

Und dein Tropfen spricht dich an, wenn er wieder die Angst verspürt,
wenn er nicht weiß, wie es weitergeht mit ihm.
Wenn er sich wohl fühlt, bittet er dich darum, dass es so bleibt,
aber du weißt, dass es nicht so bleibt,
dass es immer weitergeht und dein Tropfen eines Tages zurück zur
Quelle finden wird.

Und du sagst ihm, dass er eines Tages begreifen wird,
dass er nicht ein kleiner Tropfen,
sondern selbst die Quelle ist.

Über die Bergpredigt, das Vaterunser und das Thomas Evangelium

Jeden Morgen zum Abschluss meiner täglichen Meditation frage ich mich:
"Welche Energiequalität brauche ich jetzt in mir? Ist es Vertrauen? Zuversicht? Brauche ich heute Entschlossenheit? Mut? Ein bisschen Lebensfreude?" Und dann stelle ich mir vor, wie ich diese Qualität gemeinsam mit dem Himmel atme. Und manchmal frage ich mich, was wäre, wenn alle Menschen an einem Tag in der Qualität des Friedens atmen würden?

„Selig sind die Friedensstifter, denn sie werden Gottes Kinder sein" lautet ein zentraler Satz in der Bergpredigt, der mir und gewiss auch einigen anderen Dalmanuta-Lehrern besonders in Erinnerung bleiben wird.

Es war ein kleines Wunder, welches wir im Sommer 2018 erleben durften. Am vorletzten Tag unserer jährlichen Seminarreise geht es hinauf auf den Berg der Seligpreisungen, selbstverständlich zu Fuß und, nicht ganz so verständlich, in der Mittagshitze, die im August regelmäßig den Wert von 40 Grad Celsius überschreitet. Körperliche Fitness und Kondition ist eine der Voraussetzungen für die Teilnahme an diesem Lehrerseminar. Das Seminar ist konzipiert für Meditationslehrer, die nach dem Dalmanuta-Prinzip arbeiten. Alle

Übungen während der Woche, drei Tage in Jerusalem und vier am See Genezareth, werden mit doppelter Zielrichtung durchgeführt. Die erste betrifft die eigene, persönliche Entwicklung. Diese Reise verändert jeden! Die zweite Zielrichtung betreffen die Inhalte, die jeder Lehrer für die anschließende Arbeit mit den eigenen Gruppen mitnimmt. Vor dem Gang auf den Berg beschäftigen wir uns morgens mit den sogenannten Blessings, den Seligpreisungen, auf die ich im weiteren Verlauf des Kapitels noch eingehen werde. Auf dem Berg gibt es für jede einzelne eine besondere Stelle, vor die man sich setzen und meditieren kann. „Spüre nach, welche Seligpreisung derzeit für dich eine besondere Bedeutung hat. Welcher Satz berührt dich momentan am meisten?" lautet die Aufgabe der Meditationslehrer auf dem Berg, den gewiss auch Jesus mit seinen Schülern bestiegen hat. Abends im Seminarraum dann erhält jeder Lehrer die Möglichkeit, den anderen von seiner persönlichen Erkenntnis zu berichten. Die Fragestellung lautet: „Was würdest du nach diesem Tag den Teilnehmern deiner Gruppe vermitteln?"

Wir hatten in den Tagen zuvor die schlimmen Geräusche des Krieges vernommen, der 30 km weiter auf der gegenüberliegenden Seite des Sees auf syrischen Boden stattfand. Daher war es wenig erstaunlich, dass die meisten Teilnehmer ihren Vortrag über den Satz: „Selig sind die Friedensstifter, denn sie werden Gottes Kinder heißen" hielten.

„Nimm es einmal wörtlich", lautete eine Botschaft. Wenn die Rede von Kindern ist, dann sind wirklich Kinder gemeint, und nicht nur im übertragenen Sinne wie „Wir sind alle Gottes Kinder" oder so ähnlich. Vielleicht meinte Jesus wirklich, dass nur die Kinder in Lage seien,

Frieden zu stiften. Die Erwachsenen schaffen es nicht. Und Politiker sind erwachsen, auch wenn sie sich nicht immer so benehmen. Mittlerweile, während ich diese Zeilen schreibe, dauert der Krieg in Syrien seit mehr als sieben Jahren an. Keiner der großen politischen Leader war bislang in der Lage, dort Frieden zu schaffen. Die einen sind machtlos, die anderen haben kein Interesse. Sie wollen den Frieden zu ihren Bedingungen. Die große Chance liegt bei den Kindern, die eines Tages dem Wahnsinn ein Ende bereiten können, wenn sie selbst erwachsen geworden sind. Falls sie dann noch leben.

Und auch für uns einzelne gilt vielleicht, dass nur das Kind, das wir selbst waren, in der Lage ist, den persönlichen Frieden in uns zu stiften. „Der einzige Weg, Frieden mit dir selbst zu schließen, ist, sich mit deiner Kindheit zu versöhnen", lautete eine weitere Botschaft der Dalmanuta-Lehrer an diesem Abend im Seminarraum von Tabgha am See Genezareth. „Selig sind die Friedensstifter, denn sie werden Gottes Kinder heißen".

Am nächsten Morgen gingen wir früh nach Dalmanuta. Dort begann, wie jeden Sonntag, um neun Uhr der Gottesdienst, zelebriert von den dort ansässigen Benediktinermönchen. Auch für diejenigen, die keine Fans der katholischen Liturgie sind, ist diese Messe unter freiem Himmel mit Blick auf den See eine eindrucksvolle Erfahrung. Ich hatte die Zeremonie dort in den Jahren zuvor bereits erlebt und jedes Mal genossen. Dieses Mal aber wurde der Genuss getrübt durch den Lärm des Krieges auf der anderen Seite des Sees hinter den Golanhöhen. „Du befindest dich hier am friedlichsten Ort der Welt und dreißig Kilometer weiter sterben Menschen" dachte ich und gewiss auch die anderen Teilnehmer des Gottesdienstes. Und dann, mitten in der Zeremonie, kam ein kleiner arabischer Junge, vielleicht sieben oder Jahre alt, angerannt und schrie: „Shalom! Shalom! Shalom!" Er rannte kreuz und quer, verpasste mehreren Gottesdienstbesuchern einen Stoß an die Schulter und ließ nicht ab von seinem Ruf: „Shalom!" Dabei ließ er sich keineswegs irritieren von den Mönchen, die vorne am Altar das Abendmahl zelebrierten. Und dann kamen weitere Kinder, die meisten von ihnen geistig oder körperlich behindert, in die Messe gelaufen, liefen umher, schauten, manche lachten, und weiter erschallte das „Shalom" des kleinen Jungen. Und erst in diesem Moment bemerkten alle, dass auf der anderen Seite des Sees Ruhe war. Die Kriegsgeräusche waren verstummt. Außer dem Ruf des kleinen Jungen und des Lachens der anderen Kinder hörte man nur die friedlichen Geräusche der Natur. Ich schaute in die Gesichter „meiner" Dalmanuta-Lehrer und wusste, was sie in diesem Moment dachten: „Selig sind die Friedensstifter, denn sie werden Gottes Kinder heißen!" Dieser kleine arabische Junge hatte offenbar die Verbindung nach oben zur Chefetage!

Die Kirchen verwenden das Wort „selig" im Sinne von „frei von Sünde". Die ursprüngliche Bedeutung des Wortes „selig" lautet: „gnädig, gütig, fröhlich". Die Sätze der Bergpredigt sind Worte der Hoffnung. Jesus wollte den Menschen ihre Angst nehmen, er wollte ihnen (Selbst-)Vertrauen vermitteln. Er sagte ihnen: „Seid frohen Mutes." Die

Worte sind keine Belehrungen, sondern Versprechen!

Selig sind, die da geistlich arm sind; denn das Himmelreich ist ihnen:

Wir können und müssen nicht alles verstehen, das Leben ist ein großes Geheimnis, es ist ein Mysterium. Doch verbirgt sich in diesem Mysterium eine göttliche, himmlische Ordnung. Auch wenn wir manchmal den Sinn eines Ereignisses nicht verstehen, dürfen wir darauf vertrauen, dass es einen göttlichen, himmlischen Sinn dafür gibt.
Der Meister der Liebe sprach: „Seid frohen Mutes. Selig sind die geistlich arm sind, denn das Himmelreich ist ihnen."

Selig sind, die da Leid tragen; denn sie sollen getröstet werden:

Manchmal glauben wir in Zeiten des Kummers, unser Schicksal sei besiegelt. Wenn es uns schlecht geht, befürchten wir, es könnte für immer schlecht bleiben. Doch wie Ebbe und Flut, wie Tag und Nacht, so wechseln auch die Gefühle. Nach Zeiten der Traurigkeit kommen Zeiten der Freude, und nach Zeiten des Leids kommen Zeiten des Glücks.
Der Meister der Liebe sprach: „Seid frohen Mutes. Selig sind, die da Leid tragen; denn sie sollen getröstet werden."

Selig sind die Sanftmütigen; denn sie werden das Erdreich besitzen:
Manchmal haben wir Angst davor, schwach, hilflos und angreifbar zu sein. Manchmal haben wir Angst, wir könnten uns verletzen.

Deshalb bauen wir manchmal eine Mauer um uns herum, die uns vor Verletzung schützen soll. Doch die Mauer, die uns schützen soll, schützt uns in Wahrheit nur vor dem Leben selbst. Die Mauer, die uns schützen soll, verhindert, dass wir das Leben in ganzem Umfang genießen können. Nur wenn wir bereit sind, die Mauern um uns herum einzureißen, können wir den Reichtum des Lebens erfahren. Wir brauchen den Mut, sanft zu sein. Wir brauchen den Mut, vor uns selbst und anderen Gefühle zu zeigen.

Der Meister der Liebe sprach: „Seid frohen Mutes: Selig sind die Sanftmütigen; denn sie werden das Erdreich besitzen."

Selig sind, die da hungert und dürstet nach Gerechtigkeit; denn sie sollen satt werden:

Manchmal fragen wir uns, warum es so viel Leid auf Erden gibt, warum Menschen verhungern, während andere in Saus und Braus leben, warum Menschen krank sind und andere vor Gesundheit strotzen. Doch das Göttliche ist allumfassend, und daher kann nur der zum Göttlichen gelangen, der allumfassend gelebt hat. Keine Erfahrung darf fehlen, alles gehört dazu. Die Seele will wissen, wie es ist, Mann zu sein, wie es ist, Frau zu sein, wie es ist, Opfer und Täter, König und Bettler zu sein. Sie will alles erfahren, alles erleben. Die Seele hat einst die Quelle des Göttlichen verlassen und sich auf den Weg der Erfahrung begeben. Auf diesem Weg wird alles ausgeglichen. Unglück wird durch Glück, Traurigkeit durch Freude und Angst durch Geborgenheit ausgeglichen.

Der Meister der Liebe sprach: „Seid frohen Mutes. Selig sind, die da hungert und dürstet nach Gerechtigkeit; denn sie sollen satt werden."

Selig sind die Barmherzigen; denn sie werden Barmherzigkeit erlangen:

Manchmal ärgern wir uns über uns selbst, und manchmal ärgern wir uns über andere. Doch ist jeder Ärger ein Rucksack, den wir auf den Schultern tragen. Erst wenn wir den Rucksack fallen lassen, unseren Ärger loslassen, uns nicht mehr über uns selbst und andere ärgern, fällt die Last von uns ab. Trauen wir uns, uns selbst und anderen zu vergeben, wird unser Leben leichter.

Der Meister der Liebe sprach: „Seid frohen Mutes. Selig sind die Barmherzigen; denn sie werden Barmherzigkeit erlangen."

Selig sind, die reinen Herzens sind; denn sie werden Gott schauen:

Manchmal beurteilen wir uns und andere, glauben, zu wissen, was gut und was schlecht, was schön und was hässlich, was göttlich und was teuflisch ist. Doch ist alles von Gott erschaffen, und die einzige Quelle, die ihm zur Verfügung stand, war er selbst. Es gab nichts vor ihm und nichts neben ihm. Gott hat aus sich selbst erschaffen. Deshalb ist alles, was ist, Gott selbst. Das vermeintlich Gute ist Gott, das vermeintlich Schlechte ist Gott, das vermeintlich Schöne und Hässliche, Liebenswerte und nicht Liebenswerte ist Gott.

„Gott in allem" können wir erst erkennen, wenn wir nicht mehr zwischen Gott und Teufel trennen. In den Momenten, in denen wir nicht beurteilen, was gut und was böse, was schön und was hässlich, was liebenswert und nicht liebenswert ist, können wir Gott in allen Dingen sehen. In den Momenten, in denen wir nicht beurteilen, was an uns selbst gut und was schlecht, was an uns schön und was hässlich, was an uns liebenswert und was nicht liebenswert ist, können wir in unseren eigenen Augen die Augen Gottes sehen.

Der Meister der Liebe sprach: „Seid frohen Mutes. Selig sind, die reinen Herzens sind; denn sie werden Gott schauen."

Selig sind die Friedfertigen; denn sie werden Gottes Kinder heißen:

Manchmal sind wir unzufrieden mit uns und unserem Leben. Dann denken wir, es könnte besser sein als jetzt, es müsse anders sein als so. Doch solange wir unzufrieden mit uns sind, streiten wir mit uns selbst. Solange wir unzufrieden mit dem Leben sind, streiten wir mit dem Leben. Ein Kind fühlt sich zerrissen, wenn im Haus der Eltern Streit und Unverständnis herrschen. Ein Kind fühlt sich geborgen, wenn im Haus der Eltern Frieden und Einverständnis sind.

Der Meister der Liebe sprach: „Seid frohen Mutes. Selig sind die Friedfertigen; denn sie werden Gottes Kinder heißen."

Selig sind, die um der Gerechtigkeit willen verfolgt werden; denn das Himmelreich ist ihnen:

Manchmal machen wir uns Gedanken darüber, wie andere über uns denken. Manchmal glauben wir, andere hätten Macht über uns, könnten uns schaden, wenn wir nicht so sind wie sie, wenn wir nicht so handeln, wie sie es erwarten. Doch ist jeder Mensch einzigartig, und jeder Mensch geht seinen eigenen, individuellen Lebensweg. Wenn wir unsern Weg gehen, gehen wir in unsere eigene Richtung. Wir dürfen uns zutrauen, eigene Erfahrungen zu machen. Wir sollen keine Angst vor denen haben, die schlecht über uns reden, weil wir in unsere Richtung gehen.

Der Meister der Liebe sprach: „Seid frohen Mutes. Selig sind, die um der Gerechtigkeit willen verfolgt werden; denn das Himmelreich ist ihnen."

Osho erzählte einmal die Anekdote von einem heiligen Mann, der auf einer einsamen Insel lebte. Die Menschen auf dem gegenüberliegenden Festland erzählten sich, dass dieser Mann Wunderdinge und Heilungen vollbringen könne, ohne auch nur ein einziges Gebet zu kennen. Dies kam einem Kardinal zu Ohren, der sich daraufhin ein Ruderboot schnappte und auf die Insel fuhr, um sich selbst ein Bild von dem vermeintlichen Heiligen zu machen. Der heilige Mann empfing den Kirchenfürsten freundlich und bestätigte ihm, kein Gebet zu kennen. "Kannst du mir denn eines beibringen?", fragt er.

Der Kardinal war hoch erfreut über die Lernbereitschaft des Inselbewohners und erklärte ihm das Vaterunser. Als er die letzte Zeile gesprochen hatte, sagte der andere: "Könntest du mir bitte den Anfang des Gebets noch einmal sagen, ich habe ihn vergessen."

Der Kirchenmann kam diesem Wunsch nach. "Nun habe ich den Schluss vergessen, würdest du ihn noch einmal wiederholen?", fragte der Heilige erneut.

Und so ging das einige Male hin und her. Am Anfang des Gebets hatte er dessen Schluss und am Ende des Gebets dessen Anfang vergessen. Irgendwann wurde es dem Kardinal zu viel. Er war zu dem Schluss gekommen, dass dieser merkwürdige Inselbewohner kein Heiliger, sondern lediglich ein freundlicher Dummkopf sei. "Ein hoffnungsloser Fall", dachte er, stieg in sein Boot und ruderte zurück in Richtung Festland. In der Mitte des Sees hörte er auf einmal ein merkwürdiges Geräusch hinter sich. Er drehte sich um und sah den Heiligen über das Wasser laufen. Dieser fragte: "Könntest du mir bitte noch einmal den Anfang des Gebetes sagen?"

„Selig sind die geistig Armen, denn Ihnen ist das Himmelreich" ...

Die Worte der Bergpredigt und des „Vaterunser" sind die Essenz der Botschaft des Meisters der Liebe. Für mich sind sie zugleich die Essenz der drei Dalmanuta-Reiki-Grade:

Der erste Grad: die (Selbst-)Liebe. „Liebe deinen Nächsten wie dich selbst."

Der zweite Grad: die Vergebung. „Vergebet um der Liebe willen."

Der dritte Grad: die Verantwortung. „Was du antust dem Geringsten, das hast du mir getan."

Jesus stellte dem richtenden und strafenden Gott, an den seine Mitmenschen glaubten, das Bild des Vaters gegenüber. Für Jesus war Gott der Vater, der nicht urteilt und bestraft, sondern Geborgenheit und Liebe gibt. Zu ihm kann der verlorene Sohn jederzeit zurückkehren. Er braucht keine Angst zu haben. Bei seiner Rückkehr wird ein Fest gefeiert.

„Vater unser, der du bist im Himmel"
bedeutet, dass Gott in meinem Inneren ist. Denn mit jedem Atemzug
atme ich ein Stück des Himmels ein.

„Geheiligt sei dein Name"
Wenn Gott in mir ist, dann ist mein Name einer der vielen Namen
Gottes. Erst wenn ich meinen Namen als wahrhaft göttlich annehme,
kann ich mich mit Gott ganz verbunden fühlen.

„Dein Reich komme"
Ich darf vertrauen. Es wird schon alles gut werden. Alles im
Universum strebt nach Erfüllung. Jedes Samenkorn strebt danach, zu
werden, wozu es bestimmt ist. So wie eine Raupe zum Schmetterling
wird, so wird auch meine Seele wachsen und sich weiterentwickeln,
ohne dass ich besondere Regeln einhalten muss. Meine Teilnahme am
Leben reicht vollkommen aus.

„Dein Wille geschehe wie im Himmel, so auf Erden"
Die Glaubenssätze, die ich verinnerlicht habe, entscheiden über meine
Erfahrungen. Nur wenn ich an das Gute und Schöne glaube, kann es
mir im Außen begegnen. Wenn ich in meinem Innern glaube, die Welt
sei schlecht, werde ich es auch im Außen so erfahren.

„Unser täglich' Brot gib uns heute"
Zur Selbstliebe gehört, dass ich meine Bedürfnisse achte. Ich muss mir
zu essen geben, wenn ich hungrig bin; ich muss mir zu trinken geben,
wenn ich durstig bin. Nur wenn ich gelernt habe, meine Bedürfnisse
wahrzunehmen, werde ich sie auch bei meinen Nächsten erkennen
können. Wenn der liebe Gott mir einen Tisch mit den besten Speisen

bereitet, und ich gehe nicht dran, hat der liebe Gott keine Chance, mich zu nähren.

„Vergib uns unsere Schuld"
Alle Gedanken, die ich von meiner Geburt an bis zum heutigen Tag gedacht habe, alle Gefühle, die ich von meiner Geburt an bis zum heutigen Tag gefühlt habe, alle Ereignisse, die ich von meiner Geburt an bis zum heutigen Tag erfahren habe, ließen mich zu dem Menschen werden, der ich nun bin. Hätte ich nur einen Gedanken anders gedacht, ein Gefühl anders gefühlt, eine Situation anders erlebt, wäre ich in diesem Moment nicht der, der ich bin. Und wenn ich in diesem Moment sagen kann: „Ja, so, wie ich jetzt bin, bin ich in Ordnung", habe ich mir damit die Absolution für alle Gedanken, alle Gefühle und alle Ereignisse in meinem Leben erteilt. Da ist kein Platz mehr für Schuldgefühle.

„Wie auch wir vergeben unseren Schuldigern"
Das, was ich mir selbst zugestehe, gestehe ich auch den anderen zu. Ich akzeptiere ihre Gedanken, Gefühle und Handlungen. Solange ich im Streit mit anderen lebe, kann ich den Frieden in mir selbst nicht finden.

„Führe uns nicht in Versuchung"
Solange ich mein Glück in der Zukunft suche, werde ich es in der Gegenwart nicht finden. Meine Seele hat sich auf diesen Planeten begeben, um den jetzigen Moment zu erleben. Solange ich glaube, der Grund meines Daseins offenbare sich mir zu einem späteren Zeitpunkt, verpasse ich den Augenblick.

„Sondern erlöse uns von dem Übel"

Jede Entscheidung, die ich treffe, ermöglicht mir eine Erfahrung, die sowohl angenehme wie unangenehme Aspekte enthält. Nie kann ich nur den Tag, nie muss ich nur die Nacht erleben. Mit jeder Entscheidung schlage ich eine Richtung ein, somit ist jede Entscheidung richtig. Das Übel liegt nicht in der Entscheidung selbst, sondern in der Frage, ob sie gut oder schlecht für mich ist. Akzeptiere ich, dass jede Entscheidung richtig ist, kann sich mein Zweifel in Vertrauen verwandeln.

Der Papst stirbt und klopft an die Himmelstür. Petrus macht auf und fragt ihn nach seinem Begehr. „Ich will in den Himmel.", antwortet der Papst.

„Warum das?", fragt der alte Türsteher.

„Wenn nicht ich, wer dann?", entgegnet der Pontius. „Schließlich bin ich dein Nachfolger und der Stellvertreter Christi auf Erden."

Da dreht sich Petrus zu Jesus um und sagt: „Mensch, stell dir vor, der alte Fischerclub, den wir vor zweitausend Jahren gegründet haben, den gibt's immer noch ..."

Was ist damals am See Genezareth wirklich passiert?

Diese Frage beschäftigt mich von meiner Kindheit an, als ich das erste Mal von einem Mann namens Jesus von Nazareth gehört habe. Um dieser Frage nachzuspüren, reiste ich 2013 zum ersten Mal nach Israel. Ich wollte an der Stelle meditieren, an der das Christentum seinen Anfang genommen hatte. Eines Tages, vor etwas mehr als 2000 Jahren, kam ein Mann an einen See und forderte die dort lebenden Fischer auf, ihn als ihren Lehrer zu akzeptieren: „Folgt mir nach. Ich möchte aus euch Menschenfischer machen."

Es waren nur zwei, maximal drei Jahre, in denen Jesus wirkte, es gab damals kein Fernsehen, kein Radio, kein Internet, und dennoch verbreitete sich die Geschichte von Jesus und seinen Schülern wie ein Lauffeuer um die Welt. Wie viel Begeisterung und Überzeugungskraft gehörten wohl dazu, dass aus einer kleinen jüdischen Sekte innerhalb von Jahrzehnten eine Massenbewegung wurde?

Wer war dieser Mann? Was hat er wirklich gesagt und was ist später hinzugefügt worden? Seine historische Existenz gilt mittlerweile als bewiesen. Doch niemand weiß, was er wirklich dachte und wollte. Salopp gefragt: Wie war er drauf?

Eines der Erkennungszeichen der wahren Aussagen von Jesus ist, - so glaube ich - dass man ihnen "nachspüren" muss. Man braucht nicht nur den Verstand allein, sondern muss das Gefühl miteinbeziehen, um die Bedeutung seiner Worte zu begreifen. Die "wahren" Jesus Worte sind mit unserem begrenzten Verstand nicht zu erfassen. Ihre Bedeutung liegt tiefer. Die Worte sind mehr Schwingung als Formulierung. Ihre Wirkung beruht auf Resonanz, weniger auf Interpretation. Sie wirken auf der Ebene des Herzens, welches im Gegensatz zum linear denkenden Verstand keine Endlichkeit kennt. Gedanken kommen und gehen, die Liebe bleibt.

Ein beispielhafter Satz dafür steht im Matthäus Evangelium (Mt 7,14): „Das Tor, das zum Leben führt, ist eng, und der Weg dorthin ist schmal, und es sind nur wenige, die ihn finden."

An meinem Seminarort in Schillig steht ein Holztor am Strand. Während eines Seminars bat ich die Teilnehmer, sich in einer Reihe vor das Tor zu stellen. Es war für jeden offensichtlich, dass wir nicht alle gleichzeitig durch dieses Tor hätten gehen können. Dafür ist es zu eng. So ist es auch mit dem Tor zum Glück. Auch durch dieses Tor müssen wir alleine hindurch. Das Dilemma ist, dass wir manchmal noch jemanden mitnehmen möchten, aber das geht nicht. Es passt nur einer durch. Jeder muss alleine durch das Tor zu seinem Glück. Es beginnt mit der Geburt: Jeder ist allein auf diese Welt gekommen, auch Zwillinge kommen nacheinander. Und der Weg zu dem Tor ist schmal, so schmal, dass man ihn manchmal nicht als Weg erkennen kann. Viele sind auf der Suche nach der ausgebauten Straße, die zum Glück führt. Viele Ratgeber sind voll von Tipps, auf welche Weise es gelingen kann, glücklich zu werden. Letztendlich aber muss jeder den Weg zu seinem Tor alleine finden. Und manchmal stellt man in der Rückschau fest, dass der Weg dorthin erst durch das Gehen entstanden ist.

Eine weitere Quelle wahrer Jesus Worte ist das Thomas Evangelium, welches mit den Worten beginnt: "Wer die Bedeutung dieser Worte findet wird den Tod nicht schmecken."

Dieses Evangelium ist benannt nach Didymus Judas Thomas, einem der Begleiter Jesu. Es erzählt im Gegensatz zu den anderen Evangelien keine Geschichte, sondern enthält nur Zitate. Jedes Zitat, genannt Logion, beginnt mit den Worten: "Jesus sagte".

Das Thomas Evangelium wurde zusammen mit einigen anderen Texten 1945 bei Nag Hammadi (wieder-)gefunden. Die derzeit jüngsten Forschungen gehen davon aus, dass es zwischen 70 und 80 nach Christus entstanden ist. Es verfehlte den Einzug in das Neue Testament nur knapp. Dies bedeutet, dass schon damals diese Sammlung von insgesamt 114 Logien als authentisch angesehen wurde. Zudem finden sich einige Zitate in ähnlicher Form auch in den "offiziellen", sogenannten kanonischen Evangelien wieder. "Wenn jemand an meinem Wort festhält, wird er auf ewig den Tod nicht schauen" heißt es zum Beispiel im Johannes Evangelium (8,51).

"Wer die Bedeutung dieser Worte findet, wird den Tod nicht schmecken." Das Wesen des Lebens ist Bewegung und Veränderung. Wenn Worte im Herzen lebendig sind, verändern sie sich. Insofern kann es keine feststehende und objektive Auslegung geben. Es offenbaren sich für denjenigen, der sie hört bzw. liest, immer wieder neue Aspekte. Die Frage ist: „Wer liest da gerade?" Derjenige, der ich gestern war, hat sich heute bereits verändert.

Das gilt für sämtliche "heilige Schriften". Wer nur eine einzige Interpretation der Bibel, des Talmuds, des Korans, der Veden usw. zulässt, tötet die Botschaften, die in den Texten enthalten sind. Das tun die Fundamentalisten aller Traditionen. Sie haben Panik vor Veränderung. Deshalb sind sie bemüht, Gottes Wort in Stein zu meißeln. Sie täten besser daran, Gottes Wort in fließendes Wasser zu schreiben. Meine Assoziationen zu einigen Logien sind somit rein subjektiv und nur für den Augenblick.

Logion 2: "Jesus sagte: Wer sucht, soll weitersuchen bis er findet, und wenn er gefunden hat, wird er bestürzt sein, und wenn er bestürzt ist, wird er erstaunt sein, und er wird herrschen über das All."

In dem Moment des Findens stürzen alle Bilder ein: Unser Selbstbild, unser Weltbild, unser Gottesbild. Wir stellen bestürzt fest, dass das Bild, das wir uns von uns selbst gemacht haben, nicht (mehr) stimmt, dass das Bild, das wir uns von der Welt gemacht haben, nicht stimmt, und ebenso und insbesondere das Bild, welches wir uns von Gott gemacht haben. Wir stellen bestürzt fest, dass alle Einschränkungen, Begrenzungen und Trennungen Illusionen sind. Die wahre Wirklichkeit ist größer. Sie umfasst alles was ist. Wer die Verbindung von "Allem was ist" in sich spürt, wird in diesem Sinne "herrschen über das All".

Logion 3: "Jesus sagte: Wenn eure Führer euch sagen: Sehet, das Königreich liegt im Himmel, so werden die Vögel des Himmels euch vorangehen. Wenn sie euch sagen: Es ist im Meer, so werden die Fische euch vorangehen. Aber das Königreich ist in euch und es ist außerhalb von euch."

All unsere Schätze tragen wir in uns. Wer sein Glück nur im Außen sucht, wird es nicht finden. Und auch das Göttliche ist nicht von uns selbst getrennt. Mit jedem Atemzug atmen wir ein Stück vom Himmel ein.

Logion 14: "Jesus sagte: Wenn ihr fastet, dann begeht ihr eine Sünde in eurem Herzen. (...) Denn unrein macht euch nicht, was in euren Mund hineingeht, sondern vielmehr, was aus eurem Mund herauskommt."

Einmal kam ein Mann zu uns nach Hause, der von seiner Freundin in die esoterische Umlaufbahn geschossen worden war und sich nun auch für Reiki interessierte. "Ich esse kein Fleisch mehr und meditiere jeden Tag dreimal. Mein Leben hat sich total verändert, ich bin bewusster als jemals zuvor", verkündete er stolz. Der Mann war über zwei Meter groß und sehr dünn. Was ich an Gewicht zu viel hatte, hatte er zu wenig. Darauf angesprochen, berichtete er, noch vor einem Jahr neunzig Kilo gewogen zu haben. Seitdem er sich jedoch auf dem spirituellen Weg befände, versuche er, "sich von dem Ballast des Egos zu befreien". Ich fragte ihn, ob er ohne Probleme auf dem Weihnachtsmarkt am Bratwurststand vorbeigehen könne, ohne dass ihm das Wasser im Munde zusammenlaufe.

In Versuchung gerate er manchmal schon, antwortete er, bislang aber sei er standhaft geblieben. Schließlich wolle er auf seinem spirituellen Weg keine Rückschritte machen.

In spirituellen Kreisen wird häufig über das Ego gesprochen, das "dem wahren Sein" im Wege stünde. Daher müsse man sich mehr und mehr vom Ego befreien, um zu seinem wahren Selbst gelangen zu können. Ich halte nun gar nichts von einer pauschalen Verteufelung des Egos. Ego ist das lateinische Wort für "ich". Bewusstes, verantwortungsvolles Sein ist die Erkenntnis des „Ich bin". Somit ist das Ego Voraussetzung für das Bewusstsein und die Übernahme von

Verantwortung, nicht Hindernis.

"Wenn du bei mir Reiki machst, verspreche ich dir was", sagte ich zu dem Mann beim Abschied.

"Was denn?", fragte er erwartungsvoll.

"Dich bekomm ich wieder auf neunzig Kilo.", sagte ich.

Ich habe ihn nie wiedergesehen.

Man verstehe mich nicht falsch: Ich meine nicht, dass man prinzipiell Fleisch essen soll. Vielmehr lautet die Botschaft: Achte auf deine innere Stimme. Dein Herz wird dir die Richtung weisen. Viele Traditionen legen aus spirituellen Gründen Wert auf die Reinheit der Nahrung. Jesus vermittelte, dass es jedoch nicht ausreichend ist, nur reine Nahrung zu sich zu nehmen, um rein zu sein. Seine Aussage "Es macht euch nicht unrein, was ihr in den Mund nehmt, sondern nur das, was aus eurem Mund herauskommt" bedeutet, dass man ebenso für seine Worte Verantwortung trägt, weil man mit ihnen andere verletzen und dadurch seine Reinheit, seine Unschuld verlieren kann.

Logion 16: "Jesus sagte: Vielleicht denken die Menschen, dass ich (nur) gekommen bin, um Frieden in die Welt zu bringen. Doch sie wissen nicht, dass ich gekommen bin, um Zwietracht zu bringen, Feuer, Schwert und Krieg. Denn wenn fünf Menschen in einem Haus sind, werden drei gegen zwei und zwei gegen drei sein. Der Vater wird gegen den Sohn sein und der Sohn gegen den Vater. Jeder wird einzeln für sich dastehen."

Bleibe bei deiner Wahrheit, auch dann, wenn du angefeindet wirst.

Du kannst nicht erwarten, dass die ganze Familie applaudiert, wenn du verkündest, ab jetzt mit „vollem Speed" dein wahres Leben zu leben.

Logion 31: "Jesus sagte: Kein Prophet ist willkommen in seinem Dorf. Kein Arzt kann die heilen, die ihn gut kennen."

Es ist schwierig, von denen als Autorität anerkannt zu werden, die dich von Kindheit an mit all deinen Stärken und Schwächen kennen.

Logion 32: "Jesus sagte: Eine Stadt, die auf einem Berg erbaut und befestigt ist, kann nicht fallen. Sie kann auch nicht verborgen bleiben."

Mach dich nicht klein! Zeige dich!

Logion 34: "Jesus sagte: Wenn ein Blinder einen Blinden führt, fallen sie beide in eine Grube."

Der beste Weg, dies zu verhindern: Sei dein eigener, sehender Leader, indem du selbst und bewusst die Verantwortung für dein Leben übernimmst.

Logion 42: "Jesus sagte: Seid Vorübergehende!"

Alles geht vorüber, nichts ist von dieser Aussage ausgeschlossen, weder Materielles noch Geistiges. Auch wir sind ein fließender Prozess, der niemals endet. Die Frage ist, ob wir dabei aktiv oder passiv sind. Solange wir uns lediglich dem ständigen Veränderungsprozess hingeben, bleiben wir passiv. Es geschieht mit uns. Beherzigen wir den Rat von Jesus, gestalten wir den Prozess aktiv mit. Dann sind wir der Prozess selbst. Seid Vorübergehende!

Logion 48: "Jesus sagte: Wenn zwei in einem Haus miteinander

Frieden schließen können, dann können sie auch zu einem Berg sagen: Geh weg von hier und begib dich dort drüben hin, und er wird es tun."

Nach dem Feuer das Wasser, nach dem Schwert die weiße Fahne, nach dem Krieg der Friedensschluss.

Logion 50: "Jesus sagte: Wenn euch jemand fragt, woher ihr gekommen seid, dann antwortet: Wir sind aus dem Licht gekommen, von dort, wo das Licht aus sich selbst entstanden ist."

Der Verstand denkt in den Kategorien von Ursache und Wirkung. Wie könnte etwas aus sich selbst erschaffen sein, fragt er sich? Ich finde es großartig, dass die Quantenphysiker heute den Wahrheitsgehalt dieser vor zweitausend Jahren gemachten Aussage bestätigen. Es gibt keine Trennung zwischen Schöpfer und Schöpfung, zwischen Ursache und Wirkung. Die Essenz von "Allem was ist" ist aus sich selbst geboren.

Logion 59: Jesus sagte: Haltet Ausschau nach dem Lebendigen, solange ihr am Leben seid. Denn sonst sterbt ihr und möchtet ihn sehen und könnt es aber nicht."

Viele suchen das Göttliche außerhalb des alltäglichen Lebens. Sie trennen zwischen Leib und Seele, zwischen Irdischem und Geistigen, zwischen Endlichem und Ewigen. Tu du es nicht! Wie es Jens Schmidt, einst katholischer Priester in Schillig und derzeit altkatholischer Priester auf Nordstrand, einmal in einer Predigt formulierte: "Gott zeigt sich auch in der Sexualität des Menschen. Ihr schaut auf der Suche nach Gott nach oben und geboren wird ein Kind."

Logion 67: "Jesus sagte: Wer die unbekannte, göttliche Welt erkennt, sich selbst aber nicht, der hat alles verfehlt."

Nicht das Streben nach Wissen und Erkenntnis führt zu einem erfüllten Leben, sondern das Hervorbringen des eigenen Potentials.

Logion 70: "Jesus sagte: Wenn ihr hervorbringt, was in euch ist, wird es euch retten. Wenn ihr nicht hervorbringt, was in euch ist, wird es euch zerstören."

Unser kreatives Potential strebt nach Werterfüllung, unsere Fähigkeiten und Talente wollen sich in der Welt entfalten. Wenn wir dies nicht zulassen, aus welchem Grund auch immer, vielleicht weil wir glauben, es nicht zu können, es nicht zu dürfen, es nicht wert zu sein und so weiter, wird sich die Kreativität gegen uns richten. Das gleiche gilt für unsere Gefühle. Auch sie wollen hervorgebracht werden. Wenn wir alles in uns hineinfressen, unseren Schmerz, unsere Traurigkeit etc., ersticken wir auf Dauer daran.

Logion 89: "Jesus sagte: Warum reinigt ihr die Außenseite des Bechers? Versteht ihr nicht, dass der, der die Innenseite geschaffen hat, derselbe ist, der auch die Außenseite erschaffen hat?"

Kümmere dich nicht (nur) darum, wie du nach außen für andere wirkst. Bleibe vielmehr im Außen wie in deinem Innern authentisch.

Setz dich aufrecht hin. Deine Handflächen sind offen und zeigen nach oben.

Schließ deine Augen und werde regungslos.
Achte auf deinen Atem. Du atmest ein und aus.

Deine äußere Haltung entspricht nun deiner inneren Haltung, die du dir selbst und dem Leben gegenüber einnimmst:
Hochachtung und Offenheit.

Du öffnest die Tore
zum Himmel,
zum Herzen,
zur Welt.

Tag und Nacht sind das Ein- und Ausatmen des Lichts.
Das Licht atmet – so wie du!

Ebbe und Flut sind das Ein- und Ausatmen des Wassers.
Das Wasser atmet – so wie du!

Aufblühen und Verblühen sind das Ein- und Ausatmen der Erde.
Die Erde atmet – so wie du!

Mit jedem Atemzug atmest du den Himmel ein und aus.
Wenn du den Himmel einatmest,
bist du so alt wie der Himmel selbst.

Wenn du den Himmel einatmest,
bist du so neu wie der Himmel in jedem Augenblick.

Der Himmel über dir ist unendlich,
unendlich weit, unendlich tief.

Der Himmel in dir ist unendlich,
unendlich weit, unendlich tief.

Unendliches Leben,
unendliche Liebe,
unendliches Vertrauen.

Das Dalmanuta-Prinzip.
Die praktische Arbeit

Es ist egal, in welchen Gebäuden die Menschen den Kontakt zum Himmel aufnehmen, ob in Synagogen, Tempeln, Moscheen, Kathedralen oder einfach draußen in der Natur. Es ist egal, welchen Namen die Menschen der göttlichen Kraft geben, ob Jehova, Shiva, Allah oder Gottvater. Es spielt keine Rolle, ob sie an einen oder mehrere Götter oder an die Dreieinigkeit oder einfach nur an Energie glauben. Und diejenigen, die als Atheisten anderen Menschen helfen, sind weitaus religiöser als all die Frommen, die Religion nur fastend und betend betreiben. Der Begriff „Religion" kommt von dem lateinischen Verb „religere" und bedeutet „rückverbinden". In diesem Sinne ist jeder, der verbindend statt trennend, versöhnend statt spaltend unterwegs ist, ein religiöser Mensch. Papst Benedikt XVI, alias Josef Ratzinger, wurde einmal gefragt, wieviel Wege es zu Gott gibt. "So viele, wie es Menschen gibt." lautete seine Antwort.

Bei Dalmanuta begegneten sich der Legende nach Jesus und Petrus zum letzten Mal. „Ich will dir des Himmelreich Schlüssel geben. Weide meine Lämmer. Auf dir will ich meine Kirche bauen", lauteten die Aufträge. „Kirche" bedeutet im Ursprung „Gruppe". „Ich vertraue dir meine Gruppe an." Nichts anderes hat Jesus damals getan. Er wollte, dass nach seinem Weggang die Gruppe der Menschen, die sich um ihn geschart hatten, nicht zerfällt. „Kümmere dich um diese Leute" war seine Bitte an denjenigen, der sein erster Schüler geworden war. Die Kirche ist kein Gebäude und keine Institution. Die Kirche des Meisters der Liebe wird in den Herzen der Menschen gebaut. Ich bin davon überzeugt, dass der Mann aus Nazareth keine Organisation gründen wollte. Seine Intention war, dass die Botschaft von Liebe und Vergebung weiter in die Welt getragen wird, über seinen Tod hinaus und unabhängig von seiner Person. Diesen Auftrag haben unzählige Menschen zu allen Zeiten und in allen Kulturen erfüllt. Egal, an welchen Gott, an welche Götter sie glaubten oder nicht glaubten, welche Weltanschauung sie auch immer hatten.

Einige der Menschen, die heute mit den Botschaften der Liebe, Vergebung und Verantwortung unterwegs sind, nennen sich „Dalmanuta Lehrer". Ihre Arbeitsweise ist die Vermittlung von Meditation. Dabei bedienen sie sich unterschiedlicher Traditionen. Es gibt Dalmanuta-Lehrer, die Yoga unterrichten, andere Reiki, Thai Chi, Qui Gong, Aikido und vieles mehr. Ihre Arbeitsweise unterliegt keinem Dogma. Jeder von ihnen tut es auf seine Weise. Den Dalmanuta-Lehrern ist es daher selbst überlassen, den Begriff "Reiki" für sich und ihre Arbeit zu verwenden oder ihn wegzulassen. Ich habe als traditioneller Reiki Lehrer angefangen und Reiki auf meine Weise gelehrt, bis die japanische Tradition eines Tages nicht mehr zu erkennen war. Dies war nicht mein Ziel, es hat sich einfach so entwickelt. Mit vielem aus der klassischen Reiki Lehre konnte ich von Anfang an nichts anfangen, einiges war mir salopp gesagt zu "spooky". Für mich waren die drei Grade nie eine spirituelle Karriereleiter. Auch mit den Symbolen tat ich mich schwer. Meine Botschaft als Lehrer dazu war schon immer: Das stärkste Symbol bist du selbst! Durch dich hat das Göttliche ein Zeichen gesetzt!

Durch dich hat das Göttliche ein Zeichen gesetzt
  Du hast Ideen, die kein anderer hat.
  Du sprichst Worte, die kein anderer spricht.
  Du tust Dinge, die kein anderer tut.
  Du bist einmalig und einzigartig.
Durch dich hat das Göttliche ein Zeichen gesetzt.

  Niemand kann lieben, wie du liebst.
  Niemand kann lachen, wie du lachst.
  Niemand kann tanzen, wie du tanzt.
  Du bist einmalig und einzigartig.
Durch dich hat das Göttliche ein Zeichen gesetzt.

  Nur du kannst mit deinen Händen berühren.
  Nur du kannst etwas mit deinen Worten sagen.
  Nur du kannst hervorbringen, was in dir ist.
  Du bist einmalig und einzigartig.
Durch dich hat das Göttliche ein Zeichen gesetzt.

Niemand kann fühlen, was du fühlst.
Niemand kann wissen, was du weißt.
Niemand kann erfahren, was du erfährst.
Du bist einmalig und einzigartig.
Durch dich hat das Göttliche ein Zeichen gesetzt.

Nur du kannst die Welt mit deinen Augen sehen.
Nur du kannst die Welt mit dir erfüllen.
Nur du kannst dein Leben erleben.
Du bist einmalig und einzigartig.
Durch dich hat das Göttliche ein Zeichen gesetzt.

Dalmanuta-Lehrer orientieren sich an den Standards und Leitsätzen des Dalmanuta-Prinzips, dessen Entstehung im ersten Band „Vom Beginn und von der Liebe" beschrieben ist. Die Kurzformel lautet: Das Dalmanuta-Prinzip: Drei Themen, drei Tore, drei Schlüssel, drei Standards. Benannt nach Dalmanuta, einer Stelle am See Genezareth, die als Meditations- und Rückzugsort von Jesus gilt. Dessen zentrale Botschaft lautete: „Liebe deinen Nächsten wie dich selbst." Dieser Rat, so naiv er für manche auch klingen mag, ist der Schlüssel zur Lösung vieler Konflikte. Das gilt für private Lebenssituationen ebenso wie für die großen Auseinandersetzungen zwischen Nationen und Religionen. Auftrag und Ziel unserer Arbeit sind, Selbstwertgefühl, Mitgefühl und Lebensfreude in den Herzen vieler Menschen zu verankern. Das Dalmanuta-Prinzip ist anwendbar in allen Bereichen, in denen es um persönliche Entwicklung von Menschen geht, egal ob im heilenden oder im lehrenden Bereich. Es sind Ärzte, Heilpraktiker, Kampfkunsttrainer, Yoga Lehrer und auch Schullehrer im Lande unterwegs, die das Prinzip in ihrer Arbeit anwenden. Sie alle versuchen auf bodenständige und verantwortungsvolle Weise die Herzen der Menschen und nicht nur deren Verstand zu erreichen.

Die Themen, die wir lehren, sind
Liebe,
Vergebung,
Verantwortung.

Die Liebe betrifft uns selbst.
Die Vergebung betrifft unsere Vergangenheit.
Die Verantwortung betrifft unsere Zukunft.

Die Kompetenz der Lebensfreude beruht auf unserem Selbstwertgefühl. Doch nicht immer haben wir in unserem Leben nur freudige Erlebnisse. Manchmal müssen wir Frieden schließen mit Erfahrungen, die uns emotional verletzt haben. Und immer wieder müssen wir Entscheidungen treffen. Sie sind die Antworten auf die Fragen, die uns das Leben stellt.

Die Tore als Sinnbilder der Themen:

Tor zum Himmel
Tor zum Herzen
Tor zur Welt

Der Himmel symbolisiert die Liebe als Urenergie des Lebens.
Das Herz symbolisiert den Raum in uns, in dem die Urenergie wirkt.
Die Welt symbolisiert den Raum um uns, in dem wir wirken.

Um Heilung und Vergebung zu erfahren, müssen wir unser Herz für die Liebe öffnen. Anschließend dürfen wir die Liebe nicht für uns behalten. Wir müssen sie hinaus in die Welt tragen, jeder an seinem Platz, jeder auf seine Weise.

Die Schlüssel als Sinnbilder für die praktische Anwendung: Hinwendung, Handlung und Neuausrichtung.

Nicht Rückzug vom Leben, sondern Hinwendung ist unsere Botschaft. Wir müssen uns unseren Themen stellen, um sie lösen zu können. Das geht nicht allein mit „schönen" Gedanken, sondern erfordert Taten. Und immer wieder müssen wir für uns selbst die Fragen beantworten: „In welche Richtung will ich gehen? Was ist mein nächster Schritt?"

Wir halten uns bei unserer lehrenden Arbeit an klare Standards: bodenständig sein, stets auf Augenhöhe bleiben und verantwortungsbewusst handeln.

Wir bieten bundesweit Meditationsabende nach dem Dalmanuta-Prinzip an. Hier können Menschen sich selbst und anderen begegnen und frei von bestimmten Weltanschauungen und Glaubensrichtungen meditieren. Einige Dalmanuta-Lehrer bieten an verschiedenen Orten Reiki Seminare nach dem Dalmanuta-Prinzip an. An drei Wochenenden, die im Abstand von etwa sechs Monaten stattfinden, begeben sich die Teilnehmer auf den Weg der drei Reiki Grade:
Erster Grad „Liebe", zweiter Grad „Vergebung", dritter Grad „Verantwortung".

Wir möchten klare und alltagstaugliche Inhalte vermitteln: „Was nutzt es mir am Montag ...?" Diese Frage sollte von unseren Teilnehmern immer positiv beantwortet werden können. Wir lehren nicht „von oben herab", und tun so, als hätten wir selbst keinerlei Sorgen und Probleme mehr, sondern stehen mitten im Leben, mit all seinen Höhen und Tiefen. Wir möchten ehrliche Arbeit in der gebenden Richtung leisten. Dabei stellen wir uns in unseren Seminaren und Workshops immer wieder die Frage: „Wenn ich selbst als Teilnehmer auf der anderen Seite sitzen würde, was könnte ich jetzt gebrauchen?"

Die folgenden Leitsätze sind wichtige Standards für Seminarleiter, die auf der Grundlage des Dalmanuta-Prinzips mit Menschen im Bereich der Persönlichkeitsentwicklung insbesondere an den Themen „Liebe", „Vergebung" und „Verantwortung" arbeiten möchten.

1. Wir bieten unseren Teilnehmern gute Seminare und stehen ihnen auch anschließend als Ansprechpartner zur Verfügung. Wir stellen den Menschen, die zu uns kommen, unser Wissen und unsere Hilfe zur Verfügung.

Gute Seminare bestehen nicht aus purer Wissensvermittlung, sondern berühren die Herzen. Vergebung ist ein emotionaler Prozess, der nicht in zwei oder drei Seminartagen abgeschlossen ist. Daraus ergibt sich der Anspruch, einen Teilnehmer nach dem Seminar nicht auf sich allein gestellt zu lassen.

2. Wir lehren, aber wir belehren nicht. Wir leisten Hilfe zur Heilung, aber wir heilen nicht.

„Ich lehre, was ich weiß. Ich belehre, was ich besser weiß …" Seriöse Seminarleiter sind in diesem Sinne keine Besserwisser, die andere darüber belehren, was sie anders machen sollen, sondern lehren das, was sie für sich selbst erfahren haben, und machen den Teilnehmern das Angebot, von diesen Erfahrungen zu profitieren. Aber sie machen keinerlei Versprechen, worin der Profit liegt. Konkrete Heilungsversprechen sind immer unseriös.

3. Wir verbreiten keine Angst, indem wir einen rechten Weg predigen und vor einem unrechten warnen. Wir glauben nicht an dunkle Mächte und böse Energien. Wir lehren Eigenverantwortung statt Fremdbestimmung.

Dieser Leitsatz ist vermutlich der wichtigste. Er beschreibt das Hauptkriterium, woran man die Scharlatane erkennen kann. Diese manipulieren Menschen, indem sie Ängste setzen. Sie bezeichnen sich oft als „Lichtarbeiter", die den Menschen zeigen, wie man sich vor dem Dunklen und Bösen schützen kann. Die Warner vor dem Bösen sind dessen wirkungsvollste Prediger.

4. Wir arbeiten, weil wir Freude daran haben, und nicht, weil wir uns dazu verpflichtet fühlen. Wir wissen, dass wir alles auch für uns und nichts nur für andere tun.

Ein guter Seminarleiter hat Freude an seiner Arbeit und ist

dankbar für jeden Teilnehmer, der sich ihm anvertraut. Dankbarkeit ist eine gute Basis für die gemeinsame Arbeit an emotionalen Verletzungen.

5. Wir betrachten die Menschen, die zu uns kommen, nicht als Schüler. Für uns gibt es kein Oben und kein Unten. Wir reichen die Hand und nehmen zugleich die Hand des anderen. In diesem Sinne geht es immer eins zu eins aus.

Oftmals hörte ich die Aussage, dass ein Heiler zunächst sich selbst heilen müsste, bevor er andere heilen könnte. Ich sehe das anders. Seminarleiter und Teilnehmer arbeiten gemeinsam am Thema „Heilung", sowohl an ihrer als auch an der des anderen. Wir sitzen alle in einem Boot und haben alle unsere emotionalen Verletzungen. Wer so tut, als hätte er bereits alle überwunden, lügt. Lügen sind keine gute Basis für eine Zusammenarbeit!

6. Wir sind nicht verantwortlich für die Menschen. Jeder muss sein Leben selbst leben. Aber wir sind verantwortlich für unsere Arbeit.

Ein Seminarleiter hat schlicht sein Bestes zu geben. Und zwar vor dem Seminar durch seine Vorbereitung, während des Seminars durch seine Präsenz und nach dem Seminar durch sein Angebot, weiterhin bei Bedarf zur Verfügung zu stehen.

Einmal jährlich veranstalten wir für die Dalmanuta-Meditationslehrer eine Seminarreise nach Israel. Bevor wir an den See Genezareth fahren, halten wir uns für drei Tage in Jerusalem auf. Dort übernachten wir im Gästehaus St. Charles, das von christlichen Nonnen betrieben wird. Auf dem Klostergelände befindet sich auch der Kindergarten, den wir unterstützen möchten. Dort wo sie Hilfe benötigen, möchten wir die Verantwortlichen sowohl finanziell als auch tatkräftig unterstützen.

Die Grundlagen für Selbstwert- und Mitgefühl werden im Kindesalter gelegt. Je früher damit angefangen wird, desto besser. Diese Kinder repräsentieren die nächste Generation im Nahen Osten, die es schaffen könnte, einen dauerhaften Frieden zwischen den Völkern und Glaubensrichtungen herzustellen. 140 palästinensische Kinder, davon etwa 80 Prozent muslimischen und 20 Prozent christlichen Glaubens, werden hier täglich betreut. Die meisten der Kinder sind Mädchen aus Ostjerusalem. Sie haben anschließend die Möglichkeit, an der deutschen Auslandsschule in Jerusalem das Abitur zu machen. Nach ihrem Abschluss sprechen sie fließend hebräisch, arabisch, deutsch und englisch. Die Aufnahmeprüfung für die „Schmidt Schule" schaffen 90 Prozent „unserer" Kindergarten Mädchen!

2017 konnte der Verein eine erste große Lieferung nach Israel aus den Spendengeldern finanzieren. Anschließend schrieben uns die Nonnen den folgenden Brief:

Sehr geehrte Mitglieder und Unterstützer des Dalmanuta-Fördervereins,
mit großer Freude und Dankbarkeit schreiben wir Ihnen heute diese Zeilen

und dürfen dies stellvertretend tun für die 130 Mädchen und Jungen unseres St. Charles Kindergartens in Jerusalem, für die Lehrkräfte sowie für die Eltern und Familien unserer Kleinen.

Vor allem zwei Worte möchten wir Ihnen ganz groß und bunt schreiben und sagen: HERZLICHEN DANK!

Sie haben uns durch den Dalmanuta-Förderverein so reich beschenkt mit wunderschönen Spielsachen, für die wir Ihnen nicht genug danken können. Sie haben es ermöglicht, dass wir eine Wunschliste von hochwertigen Spielgeräten für unseren Kindergarten zusammenstellen durften, die Sie für uns bestellten und per Schiff und Spedition von Deutschland bis zu uns nach Jerusalem liefern ließen. Die „Reise nach Jerusalem" für dieses große Geschenk ist nun Wirklichkeit geworden! Das große und schwere Paket ist vor wenigen Tagen bei uns angeliefert worden und wir haben uns mit den Kindern an einem Vormittag die Zeit genommen, eine Party zu feiern und die Spielgeräte, die vor allem der motorischen Förderung unserer Kleinen dienen, auszupacken und auszuprobieren.

Wir hoffen, dass Ihnen die Bilder von dieser „Einweihungsparty" einen Eindruck vermitteln können von der großen Freude, die Sie unserem Kindergarten St. Charles bereitet haben. Es sind wirklich großartige Spielgeräte – am liebsten hätte jedes einzelne der 130 Kinder gleich alles ausprobiert: die drei Pedalos (Fuß-Tret-Räder) und das Balancier-Spiel mit Stegen zur Förderung des Gleichgewichtssinns, das große bunte Schwungtuch oder die zwei großen Pakete mit Soft-Bausteinen für kleine und große Baumeister. Für Ihr großes Engagement für unseren Kindergarten möchten wir Ihnen nochmals ein großes Dankeschön und von Herzen ein „Vergelt's Gott" sagen. Wir freuen uns auf ein Wiedersehen mit Ihnen in Jerusalem und grüßen Sie herzlich aus der heiligen Stadt unseres Herrn.

Sr. M. Daniela Gabor und Sr. M. Gabriela Zinkl

Ein weiteres Dalmanuta-Projekt sind die Meditationen in der Justizvollzugsanstalt durch ein Team von derzeit acht Lehrern. Einmal wöchentlich gehen zwei von ihnen in den „Knast". Diese Stunden unterscheiden sich von den allgemeinen Meditationsabenden. Beide Seiten, Lehrer und Teilnehmer, schenken sich mehr als anderswo Vertrauen. Im Gefängnis ist es für die Insassen manchmal von großer Wichtigkeit, die Augen offen zu halten. Es ist dort nicht selbstverständlich, in einem Raum mit anderen Menschen, die in ihrer Vergangenheit Gewaltbereitschaft gezeigt haben, die Augen zu schließen und sich nach innen fallen zu lassen. Die Dalmanuta-Lehrer wiederum vertrauen darauf, dass sie als Person akzeptiert und ihre Botschaften angenommen werden.

In der Rückschau ist es für mich bemerkenswert, dass dieses Buch mit der Schilderung des JVA Projekts endet, da meine allerersten Zeilen, die veröffentlicht wurden, nach dem Besuch einer JVA entstanden sind. Die praktische Arbeit möchte ich noch viele Jahre machen, wenn möglich, so lange ich lebe. Stand jetzt habe ich nicht die Absicht, ein weiteres Buch zu schreiben. Das vorliegende Werk ist somit meine letzte Buchveröffentlichung.

Ich habe mich nie als Schriftsteller bzw. Buchhautor gesehen, sondern wollte lediglich meine Arbeit als Meditations- und Reikilehrer verschriften. Ich hatte das Glück, dass der Goldmann Verlag mir für meine ersten sechs Bücher die Chance dazu gegeben hat. Die beiden Dalmanuta-Bände habe ich nun bewusst bei „tredition" veröffentlicht, da dieser Verlag nicht auflagenorientiert arbeitet und die Möglichkeit bietet, die Bände zeitlich unbegrenzt und nach Bedarf herzustellen. Ich werde von nun an bei meinen Vorträgen immer einen Karton mit diesen beiden Bänden bei mir haben.

Es begann mit 547 Worten, die 1996 mit einem Male in mir präsent waren. Ich kam aus einer Justizvollzugsanstalt, in der ich im Rahmen meiner Berufsausübung als Zielfahnder des Landeskriminalamtes einen Insassen befragt hatte. Ich hatte mir von dem Mann Informationen über den Aufenthaltsort einer gesuchten Zielperson erhofft, dessen Mittäter er gewesen war. Leider vergeblich. "Ich habe Ihnen nichts zu sagen.", lautete seine kurze und knappe Antwort. Stattdessen sprachen anschließend andere mit mir. Während der Rückfahrt zur Dienststelle kam das Material aus der geistigen Welt, oder - anders ausgedrückt - vom Himmel zu mir. So präsent, so intensiv, so wahr! Es waren weniger Gedanken bzw. Sätze als vielmehr ein starkes Gefühl. Ich fühlte mich verbunden mit einer Energie, die nicht von dieser Welt war. Zurück im Büro setzte ich mich an den Schreibtisch in der Absicht, einen

Vermerk über die nicht allzu ergiebige Zeugenbefragung in der JVA zu verfassen. Stattdessen aber erschienen andere Worte auf dem Bildschirm, die das intensive Gefühl in mir beschrieben. Ich schrieb alles in wenigen Minuten herunter und las anschließend die Botschaft: "Am Tag, als der Gedanke erwachte ..." Ich druckte die Seiten aus und gab sie meinem Chef Rudolf. "Das hast du doch nicht geschrieben, oder?" fragte er, nachdem er sich den Text durchgelesen hatte. "Ja und Nein" antwortete ich in der Hoffnung, von dem Leiter der Zielfahndung des Landeskriminalamtes nicht für verrückt erklärt zu werden. Zu diesem Zeitpunkt ahnten wir beide nicht, dass er mehr als zwanzig Jahre später zu einem Dalmanuta-Reiki-Seminar nach Schillig kommen würde.

Es hat für mich einen besonderen Reiz, mein schriftstellerisches Schaffen mit dem Text abzuschließen, mit dem alles begann.

Epilog

Am Tag, als der Gedanke erwachte

... schaute er sich um und sah:
Nichts! Er konnte nichts sehen, weil es nichts gab, außer ihm selbst.
Er hörte aufmerksam in die Stille hinein und hörte:
Nichts, da es nichts gab, außer ihm selbst.
Kein Wunder, dass ich bis jetzt geschlafen habe, dachte er.

Wenn es nichts gibt, außer mir selbst, dann bin ich alles, was es gibt.
Und wenn ich alles bin, kann ich auch alles sein.
Alles, was ich denken kann.
Und er beschloss, es zu probieren.

Er dachte an Raum und wurde zu Raum, er dachte an Wasser und wurde
zu Wasser.
Er dachte an Licht und wurde zu Licht, er dachte an Erde und wurde zu
Erde.
Er wurde zu allem, an das er dachte.

Er, der Gedanke, war nun mehr als vorher,
und doch gab es weiterhin nichts, außer ihm selbst.
Er war alles und eines, er war all-ein.

Und er dachte an Pflanzen, die das Wasser und die Erde und das Licht
fühlen konnten.
Er dachte an Tiere, die sich im Raum bewegen und im Wasser schwimmen
konnten.

Er dachte an Menschen, die denken konnten wie er selbst.
Denn all das war er selbst, da es nichts anderes gab, außer ihm, dem Gedanken.

Nun konnte der Gedanke sich selbst erkennen.
Er erkannte sich im Raum, im Wasser und im Licht, er erkannte sich in den Pflanzen, in den Tieren und in den Menschen,
und doch war er weiterhin nur der Gedanke.
Und es gab nichts, außer ihm selbst.

Er war die Ursache, und er war die Wirkung.
Er war der Schöpfer und die Schöpfung in einem.
Denn alles Erdachte war der Gedanke selbst.

Und so bemerkte er, dass er nicht Gedanke, sondern Denken war.
Er war das, was er tat, er war die Tätigkeit selbst.
Er war kein Jemand, und er war kein Etwas.
Er war das Erschaffen selbst.

Am Tag, an dem das Denken begann, Gedanken über sich selbst zu machen, wachte es auf.
Es wurde, als ihm einfiel, dass es da war.
Denn alles Erdachte entstand durch das Denken, und nun dachte es an sich.

Und plötzlich wusste es, dass es sich selbst erschuf.
Es erschuf sich in jedem Augenblick, immerfort und immer neu und unaufhörlich.
Es konnte nicht aufhören, zu denken, denn es war das Denken selbst.

Und es fragte sich, wie lange dieser wunderbare Zustand wohl anhalten würde.
Als es darüber nachdachte, erkannte es, dass kein Gedanke jemals rückgängig zu machen war.
Jeder Gedanke, einmal gedacht, war unwiderruflich.

Es konnte denken, was es wollte, es konnte das eine denken und dann das andere,
aber niemals einmal Gedachtes zum Nichtgedachten erklären.
So war auch die Selbsterkenntnis unumkehrbar.

Auch wenn es sich vornahm, an etwas nicht zu denken, war es dadurch schon gedacht.
Nichts konnte dazu bestimmt sein, niemals gedacht zu werden.
Und nichts konnte gedacht werden, ohne an das Gegenteil mitzudenken.

Es hatte das Licht erdacht und mit ihm die Dunkelheit.
Es hatte die Geburt erdacht und mit ihm den Tod.
Nichts war zu trennen, nichts war teilbar, alles war eins.

Doch jetzt konnte es lachen und weinen, jubeln und trauern,
essen und trinken und schmecken und fühlen,
es konnte tanzen und singen und fliegen und schwimmen.

Das Göttliche begann, seine Existenz zu feiern,
am Tag, als der Gedanke erwachte.[1]

---

[1] Erstveröffentlichung: Peter Michael Dieckmann "Wenn zwei sich treffen in meinem Namen - Gespräche mit JJ" Goldmann Arkana 2004

Danksagung

Ich danke allen Dalmanuta-Lehrern, die mit Engagement und Leidenschaft diese wertvolle Arbeit in Sachen „Liebe, Vergebung, Verantwortung" verrichten.

Links

Eine Linkliste der Lehrer findet Ihr auf meiner Seite

www.dalmanuta-prinzip.de

Dort gibt es auch Informationen zu den Seminaren in Schillig, zu den Meditationsabenden in Duisburg, zu der Lehrerausbildung und zu den Vorträgen.

Die Projektseite für den Förderverein des St. Charles Kindergartens in Jerusalem ist

www.dalmanuta-prinzip-projekte.com

Weitere Bücher von Peter Michael Dieckmann

Erschienen im Goldmann Verlag

Wenn zwei sich treffen in meinem Namen

Gespräche mit JJ

ISBN 3442337232

2004

Ich bin berührt -
Reiki oder die Schule des Lebens

ISBN 3442218071

2008

Bodybuilding für die Seele

Training unserer spirituellen und emotionalen Fähigkeiten

ISBN: 3442219248

2010

Kampfkunst des Herzens

Wie wir emotionale Angriffe ins Positive verwandeln

ISBN: 3442220270

2013

Die Kunst der achtsamen Schutzgelderpressung

Was Yogis und Mafiosi voneinander lernen können

ISBN: 3442220467

2014

Drei Schlüssel zur Vergebung

Mit dem Dalmanuta-Prinzip emotionale Verletzungen heilen

ISBN: 3442221196

2016

Weitere Bücher von Peter Michael Dieckmann

Erschienen im Verlag „tredition"

Das Dalmanuta Prinzip

Band I

Vom Beginn und von der Liebe

ISBN: 978-3-7469-2728-2 (Paperback)

978-3-7469-2885-2 (e-Book)

2018

Zeitfracht Medien GmbH
Ferdinand-Jühlke-Straße 7
99095 Erfurt, Deutschland
produktsicherheit@kolibri360.de